基本の焼き菓子

くり返し作りたい、定番のおやつ

荻田尚子

成美堂出版

はじめに

焼き菓子作りは材料をちゃんとはからないといけなかったり、
泡立てるのに力が必要だったり、なんだか難しそう。
失敗するかもしれないし、と思われる方が多いかもしれません。

まずはレシピをひと通り読んでください。
そして計量は正確に。
計量した材料をそろえて、道具をそろえて、オーブンを予熱します。
そうしたら、もう一度レシピを読んで、作りはじめてください。

焼き菓子作りは生地の状態がどんどん変わってきてしまうので、
中断することなく作ることが大切です。
特にメレンゲを立てているときは電話にも出ないように(笑)！

はじめは難しく感じるかもしれません。
でも、これらのことを守れば誰でも必ずおいしい焼き菓子を作ることができます。
一度、この本の通りに作ってみてください。
そうすれば大丈夫。
意外と難しくないかも、と思えるはずです。

各家庭によってオーブンが違います。
作る季節によってバターの状態が違います。
何度か作ってみて、オーブンの時間や温度を調節したり、室温を調節してください。
例えば真夏は冷房を強めにしたり、バターがなかなかやわらかくならなかったら
電子レンジの弱モードにかけたりしてみて(溶かさないように！)。

この本のレシピが完璧なわけではありません。
あくまでも参考と考えていただいて、
ぜひご自分だけの、世界で一つの焼き菓子を作ってください。

荻田尚子

CONTENTS

第1章　焼き菓子作り　基本のき

第2章

焼き菓子の定番

はじめてのクッキー

第3章

手作りを楽しむ
毎日のおやつ

第 4 章 おもてなしにも！
シンプルケーキ

この本の見方

A 材料

使用する食材です。分量の上限がない場合はお好みで調整してください。

B 使う道具

調理に使用する道具の一覧です。

C 準備

調理をスムーズに進めるため、事前に準備しておく内容を記載しています。

D 工程写真・作り方

料理の手順です。分かりやすいように、多くの工程に写真を入れています。

E ポイント

各工程の、料理をおいしくするためのコツやポイントを紹介しています。

F 予熱アイコン

オーブンを予熱するタイミングを示しています。

G ヒント

レシピ全体のポイントや注意点を紹介しています。

この本のきまり

- 本書で使用しているバターは食塩不使用のもの、卵はMサイズ（約50g）です。
- はちみつを使ったレシピは1歳未満のお子様にはあげないようにしてください。
- 生クリームは基本的に動物性のものを使用しています。
- 材料の計量は、電子はかりなどで正確に行ってください。
- オーブンの温度と焼き時間は電気オーブンを基本にしています。
  機種によって熱の当たり方が異なるため、様子を見ながら調節してください。
- 電子レンジの加熱時間は600Wの場合の目安です。500Wの場合は時間を1.2倍にしてください。

第 1 章

焼き菓子作り
基本のき

はじめに、焼き菓子作りの基本を紹介します。
材料や調理器具はなにが必要か、
準備はなにをするべきか。
本章を読んで、ポイントを押さえれば大丈夫！
まずは知ることからはじめましょう。

焼き菓子作り 基本の５つのポイント

焼き菓子作りをはじめる前に、まずやるべきことや心がけてほしいことが５つあります。
あまり焼き菓子作りをしたことがない方や、はじめての方でも大丈夫。
これさえ守れば焼き菓子作りは成功したも同然です。

・ POINT 1 ・

まずはレシピを よく読む

材料、準備、手順など、レシピはすみずみまで
最初によく読みましょう。
見落としがないように、はじめて作るレシピなら
特に心がけてください。

作る前に第1章を
読んでおくと、
知識やテクニックが
頭に入った状態で
焼き菓子作りに挑めます

手順は必ず守り、
どんな状態になったら
次の手順に進むのか、
ポイントはなにかを
よく読みましょう

・ POINT 2 ・

材料と調理器具は あらかじめ用意しておく

焼き菓子作りには段取りが大切です。
あらかじめ材料や調理器具は
すべて用意してから作りはじめましょう。

レシピの「材料」と
「使う調理器具」を
確認して
用意しましょう！

POINT 3

材料は正確に
はかる

焼き菓子作りでは、
材料の配合が出来上がりを左右することも。
材料は目分量ではなく、
きちんとはかりましょう。

分量を間違うと
出来上がりに
影響が！

詳しいはかり方は
P17で解説！

POINT 4

下準備は
忘れずに

レシピにはほとんどの場合
「準備」の項目が入っています。
忘れないように
事前にすませておきましょう。

下準備を
しておくと
作るときに安心！

POINT 5

とにかく焼き菓子作りを
楽しむ！

焼き菓子作りははじめから
うまくいくとはかぎりません。
ですが、楽しんで作ることで、
出来上がったときの喜びと
おいしさは格別です。
ぜひいろいろなレシピに
チャレンジしてみてくださいね。

見た目が
かわいい♪

素朴な
おいしさ！

少ない材料で
作れる！

基本の調理器具

はじめに、基本の道具をそろえましょう。
料理で使用するものもありますが、焼き菓子作りでのみ使う道具もあるので
作りたいレシピで使用するものはあらかじめ準備しておくことをおすすめします。

…焼き菓子作りでのみ使用する道具にはこのマークが入っています。

ボウル

生地を混ぜる際などに使用する、ステンレス製のボウル。

耐熱ガラスボウル

電子レンジで加熱する際などに使用する、耐熱ガラス製のボウル。

粉ふるい

目の細かいザル。粉をふるったり、液体をこす際に使う。

ゴムベラ

生地を混ぜる際などに使用する、耐熱性でシリコン製のヘラ。

泡立て器

生地を混ぜる際に使用。ワイヤーが多いものを選ぶと混ぜやすく、手が疲れにくい。

ハンドミキサー

材料を混ぜたり、卵や生クリームを泡立てる際に使用する。

カード

生地をこねる際に台についた生地を集めたり、型に流した生地をならす際などに使う。

めん棒

生地をのばす際に使う棒。重さのある木製のものがのばしやすくておすすめ。

茶こし

生地や型に粉砂糖やココアパウダーをふる際などに使用する。

刷毛

焼く前の生地表面に卵黄を塗ったり、卵白を塗って生地を接着したり、打ち粉をはらったりする際などに使用。

包丁

生地を切る際や、バニラビーンズの種をこそぐ際に使用する。

絞り袋・口金（くちがね）

生地やクリームを絞る際に使用する。口金には丸型や星型があり、サイズも様々。

計量スプーン・計量カップ

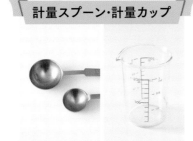

分量をはかるスプーンとカップ。スプーンには大さじと小さじがあり、それぞれ15mlと5ml。

はかり（スケール）

重さを計測するもの。粉や液体を容器に入れてのせてはかる。

小鍋

チョコレートなどを湯せんしたり、キャラメルを作る際に火にかけて使用する。厚手のものがおすすめ。

オーブンシート

型に敷いたり、粉をふるう際に使う、焼き菓子作りに欠かせないもの。

バット

材料を入れておいたり、生地を冷やす際にのせたり、型として使用することも。

網（ケーキクーラー）

焼き上がった生地を冷ます際に使用する。上下から熱が逃げるので早く冷ますことができる。ケーキクーラーと呼ぶこともある。

本書で使用する型

マフィン型

カヌレ型

バット

丸型

クッキー型

マドレーヌ型

フィナンシェ型

パウンド型

シフォン型

マスターしたい！
調理器具の使い方

焼き菓子作りに欠かせない
ゴムベラや泡立て器、ハンドミキサーなどの調理器具。
まずは正しい持ち方と使い方をマスターしておきましょう。

ゴムベラ

持ち方

先端がカーブしている側を下に向けて、力を入れすぎず握手をするように柄を軽く握る。

使い方

ボウルで混ぜる際はカーブしている側をボウルに沿わせるようにして混ぜる。「すり混ぜる」際は平らな面をボウルにこするようにする。

泡立て器

持ち方

・混ぜる

親指と人差し指で軽く持ち、それ以外の指を軽く添え、手首を動かすと柄が自由に動くくらいの力で持つ。

使い方

・混ぜる

軽い力で、手首のスナップをきかせて円を描くように混ぜる。「軽く混ぜる」や「なじむまで混ぜる」はこのやり方でよい。

・すり混ぜる

すり混ぜる際は力を入れやすいように柄を握りこむ。根元を持つことでより力が入れやすくなる。

・すり混ぜる

ボウルの側面にこすりつけるように少し力を入れて混ぜる。

ハンドミキサー

持ち方

ハンドルを軽い
力で握りこむ。

羽根

POINT

スイッチオン・オフ時は飛び散りに注意

生地が周囲に飛び散ってしまうことがあるので、
必ず泡立てるものに羽根を当ててからスイッチを
入れましょう。電源を切るときも生地に入れたまま、
垂直の状態でスイッチを切ります。高速で混ぜて
いるときは角度にも気をつけましょう。

使い方

ハンドミキサー
を垂直に構え
て、大きな円を
描くようにして
動かす。

量の少ないもの
を泡立てるとき
はボウルを傾け
て、羽根が液体
に絡むようにな
なめに構えて混
ぜる。

包丁

持ち方

刃を下向きにし
て、柄を手のひ
らで包むように
握る。

使い方

反対の手の指先
を軽く丸めて材
料をおさえ、包
丁がまな板に対
して直角になる
ようにして切る。

刷毛

持ち方

鉛筆を持つとき
と同じように人
差し指と親指で
握り、他の指で
支えるようにし
て持つ。

使い方

卵黄や卵白を塗
るときはつけす
ぎないようにし
て、力を入れす
ぎずにやさしく
塗る。

基本の材料

焼き菓子を構成する、6つの基本材料を紹介します。
この材料だけで作れるレシピもあるほど、重要な役割を持つものばかり。
材料選びにこだわるのも、焼き菓子作りの楽しみのひとつです。

バター

香りと深いコクを出すことができ、冷たいまま粉とすり合わせたり、やわらかくして卵や砂糖と混ぜたり、溶かして生地に混ぜたりと、様々な状態で使用する。本書では食塩不使用のものを使用。

卵

S・M・Lサイズがあり、鮮度のよいものを使うと風味やコクが出てよりおいしい焼き菓子が作れる。本書ではMサイズを使用している。それ以外のサイズを使う場合ははかって使用すること。

砂糖

甘みづけだけではなく、焼き色を濃くしたり、生地をしっとりさせたり、様々な役割を持っている。本書ではグラニュー糖を使用しているが、お好みで上白糖にしてもよい。レシピによっては粉砂糖などを使うことも。

牛乳

生地の水分量を調節して固さをコントロールしたり、動物性タンパク質が含まれるのでコクやうまみを出すことができる。できれば成分無調整のものを選び、新鮮なものを使用すること。

薄力粉

小麦粉には種類があり、焼き菓子作りでは生地に薄力粉を使用する。ふんわりとした生地にするためには新鮮なものを使う。開封後は味が落ち、かたまりができたりするため早めに使い切るようにする。

生クリーム

植物性と動物性があり、コクや風味が出るので今回は動物性を使用。乳脂肪分の含有率によって様々なタイプが市販されている。15℃以上になると変質してしまうので、常に冷やすようにすること。

∷ 材料のはかり方

計量スプーンの場合

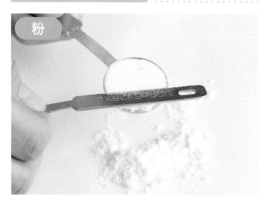

粉

たっぷりと粉をすくい、別のスプーンの柄などを使ってすり切る。

1/2にするときは、真上から見て半分のところに別のスプーンの柄などで線を引いて、粉の半分を外に押し出す。

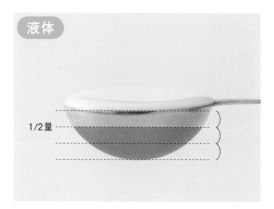

液体

1/2量

表面張力で少し液体が盛り上がっている状態まで入れる。1/2にするときは、スプーンの深さの2/3くらいまで入れる。

計量カップの場合

カップを水平な場所へ置いて、目盛りと並行な高さになるよう見てはかる。液体の表面が目盛りと重なる状態まで入れる。

はかりの場合

容器をのせてから電源を入れ、目盛りが「0」になった状態で材料を入れる。粉類はふるったものをはかること。

POINT

はちみつは砂糖の上に入れてはかる

はちみつは、砂糖と一緒に入れるレシピであれば容器に砂糖を入れた状態ではかりの電源を入れ、上からはちみつを入れると容器に付着せずにはかることができます。

17

作る前にやるべき！
調理器具と材料の下準備

焼き菓子を作りはじめる前の下準備も大切な作業。
よく出てくる準備の内容をまとめているので、
読んで頭に入れた状態ではじめてください。

:: 粉類をふるう

薄力粉などの粉類は粉ふるいを使ってふるってから使います。
粉が固まっていると、
混ぜるときにダマができてうまく混ざらないためです。
粉が空気を含むことで焼き上がりがふわっとする効果もあります。

1種類の粉をふるう場合

下に大きめの紙を敷いたり、大きめのボウルを置いて
粉ふるいに粉を入れ、あいた方の手で横から縁を軽く
叩いて粉をおとす。

> **POINT**
>
> ### 粉を手早くふるうコツ
>
> 粉の中に指先や泡立て器を入れてかき混ぜるようにすると、より早くふるうことができる。
>
>

複数の粉をふるう場合

ボウルに粉類を入れ、泡立て器で全体を混ぜる。

1種類の粉をふるうときと同様にする。

:: 材料を室温にもどす

バターは主に冷蔵庫から出したての状態ではなく、
室温にもどしてから使います。
混ぜてクリーム状にすることが多いためです。
卵も冷たすぎると他の材料と混ざりにくいため、
室温にもどしておきましょう。
30分〜1時間程度置くことが目安です。
「常温にもどす」とも言います。

POINT

バターは1cmくらいの厚さに切り、ボウルの側面に張りつけておくと早くやわらかくなります。

室温にもどっているか確認する方法

バター
指やスプーンで押して、スッと入るやわらかさが目安です。

牛乳
容器の底を触ってひんやりしない程度になっていればよいです。

卵
握ってひんやりしない程度になっていればよいです。

← 下絵

:: 天板の準備をする

オーブンシートは天板の底面の大きさに合わせて切って
敷きましょう。オーブンシートに絞り出すレシピであれば、
絞り出し長さの目安となる4本線を描いたものと
なにも描いていないものを2枚重ねます。

POINT

生地で留めてオーブンシートの丸まりを防止
オーブンシートが丸まってしまう場合は、生地をほんの少量取り、オーブンシートの四隅の裏側に塗って天板にくっつけると丸まりません。

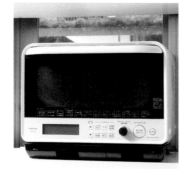

:: オーブンを予熱する

オーブンは焼く前に必ず予熱をしておきます。

POINT

庫内の温度を保つため、オーブン開閉は最小限に
生地を入れるためにオーブンを開ける際は、どうしても庫内の温度が下がってしまうため、素早く行うことで温度が下がりすぎないようにしましょう。

：： 型紙を取る・入れる

パウンド型

1 オーブンシートを型のサイズより四方を1〜2cmずつ大きめにはかり、切る。

2 パウンド型をオーブンシートの中央に置き、底面に沿って鉛筆で線を引く。

3 オーブンシートを裏返し、四辺とも2の線の1〜2mm内側を折る。縦の4か所にはさみで切り込みを入れる。

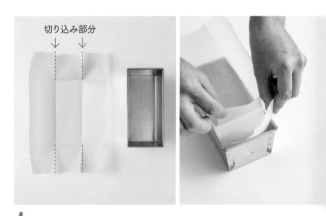

切り込み部分

4 切り込み部分を重ねるようにして、型に入れ込む。

バット

1 オーブンシートを型のサイズに合わせてはかり、長方形に切る。バットを中央に置いて底面に沿って鉛筆で線を引く。

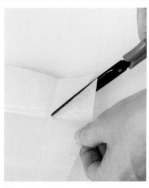

2 オーブンシートを裏返し、線の1〜2mm内側を折る。ななめ4か所にはさみで切り込みを入れる。

切り込み部分

3 切り込み部分を重ねるようにして、型に入れ込む。

丸型

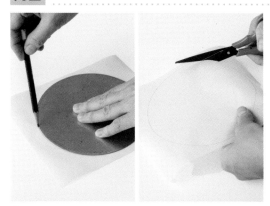

1 底面用はオーブンシートを型の底面に沿って鉛筆で線を引き、はさみで切り取る。

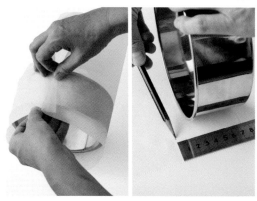

2 側面用はオーブンシートを型の円周分よりも2～3cm長く切る。幅も1～2cm大きめに鉛筆で線を引く。

3 線に沿ってオーブンシートを折り、カッターで切る。

4 底面用の型紙を敷き、側面用の型紙を入れ込む。

POINT

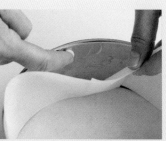

バターや油で型紙の丸まり防止

型紙を型に敷くときに丸まったり浮いてくるようであれば、バターや油を指に少量取り、型紙や型に塗って留めましょう。

事前に学ぼう！
基本のテクニック

焼き菓子作りでよく使われる、基本のテクニックをご紹介します。
覚えておくと効率よく作業が進み、出来上がりがランクアップするので
ぜひ覚えておきたいものばかりです。

:: 卵黄と卵白の分け方

容器を2つ用意する。卵を固くて平らな場所にぶつけて割り、割れ目を上にして親指でそっと開いて片方の容器に入れる。卵黄をスプーンでそっとすくって持ち上げ、卵黄の周りの卵白を落としてからもう片方の容器に移す。卵の殻を使う方法もあるが、スプーンですくう方が失敗しづらいのでおすすめ。

:: 卵の溶きほぐし方

卵を容器に割り入れる。卵黄をフォークでほぐし、持ち上げるようにして卵白のコシを切る。ドロッとしたかたまりが残っていなければよい。

:: ガスコンロの火加減の目安

バターやチョコレートを湯せんをする際や、キャラメルを作る際、小鍋を火にかけるために使用します。火加減が重要なので、火の大きさを覚えましょう。

POINT

火を使っている最中はその場から離れず、火にかけている鍋も放置しないこと。

弱火
火が鍋底に当たらないくらいの弱い炎。

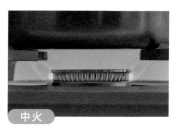
中火
火の先が鍋底に当たるくらいの炎。

強火
火が鍋底全体にしっかりあたるくらいの炎。

:: 湯せんのかけ方

耐熱容器や耐熱ボウルと鍋を二重にして、間接的に加熱して材料を溶かす方法です。
材料を焦がさずに溶かすことができますが、チョコレートの場合は注意が必要です。

バター

小鍋に湯を高さ3cmほど入れてわかし、沸騰したら火を止める。バターを入れた耐熱容器ごと鍋の中に入れ、湯につけて溶かす。バターは冷蔵庫から出したばかりのものでもよい。

チョコレート

ボウルよりひと回り小さい鍋に湯をわかし、60℃くらいで火を止める。チョコレートを入れたボウルを小鍋にのせてそのまましばらく置き、チョコレートが溶けてきたらゴムベラで混ぜて溶かす。蒸気がチョコレートに入らないように気をつける。

POINT

湯が冷めてしまったら弱火で加熱して
湯せんは基本的に火を止めた状態で行いますが、時間が経って湯の温度が下がってしまった場合は、ごく弱火で温度をキープしながら湯せんしてください。

:: バニラビーンズの使い方

さやに包丁で縦に切り込みを入れて開く。

中の黒い種を包丁の背でしごき出して使用する。

POINT

牛乳などに入れて使う場合は香りをしっかり出すために種とさやを両方入れてください。

∷ さっくり切るように混ぜる方法

お菓子をふんわり焼き上げるために欠かせない、生地を練らずに混ぜるやり方を、
粉を混ぜる場合を例に紹介します。コツをつかめば誰でも簡単にできますよ。
他の混ぜ方についてはP14の「ゴムベラ／泡立て器の使い方」で紹介しています。

1 粉を生地の表面をおおうように入れる。

2 生地の中央にゴムベラを差し込む。

3 ゴムベラをボウルの側面に沿わせるように生地を下から上にすくい上げて返す。ボウルを90度手前に回転させる。

4 2と3を繰り返し、粉が見えなくなるまで混ぜる。

:: メレンゲの泡立て方

1　卵白をボウルに入れ、ボウルを傾けてハンドミキサーの羽根を入れて電源を入れる。羽根に卵白全体をまとわせるようにして混ぜる。砂糖は3回程度に分けて加える。

2　泡立ってきたらボウルを水平にして、円を描くように回しながら混ぜる。羽根を持ち上げたときに先端がおじぎするくらいのとろつやのメレンゲができる。

3　さらに混ぜ続けると、羽根ですくったときにツノが立つくらいのメレンゲになる。

POINT

ボソボソになってしまうので混ぜすぎ注意

メレンゲは泡立てすぎると全体がボソボソとして、他の生地と混ざりにくい状態になってしまいますので、混ぜすぎには注意しましょう。

:: 生クリームの泡立て方

生クリームと砂糖を入れたボウルを、氷水をはったひと回り大きなボウルにのせる。

手前に少し傾け、泡立て器かハンドミキサーを左右に動かして泡立てる。

POINT

温度が高いと口溶けの悪いクリームになってしまうため、生クリームを泡立てるときは必ず氷水に当てながら行ってください。また、脂肪分が多いクリームは泡立てすぎると分離してしまうため、様子を見ながら泡立ててください。

:: 絞り袋の使い方

絞り袋に口金をセットする

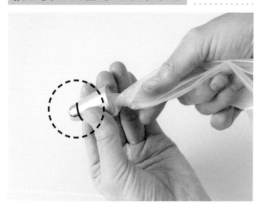

1 絞り袋の先端をはさみで切り取って口金を中に入れ、先端が1/3くらい出るようにセットする。口金から上の数cmの部分をひねる。

2 口金の中にひねった部分を押し込む。こうすると栓ができ、生地やクリームが口金から漏れない。

3 絞り袋を高さのある容器に入れ、入れ口側を外に折り返す。

生地を入れる

1 ゴムベラで生地を入れる。

2 生地を口金の方に向かって、空気を抜きながらカードで押す。

3 入れ口をねじり、生地が漏れないように持ったら口金を引いてひねりをもどす。

生地やクリームの絞り方

絞り袋を利き手で持ち、反対側の手を口金に近いところに軽く添えて持つ。利き手で押し出し、反対の手で誘導しながら絞る。

持ち方

絞り方

生地ののばし方

台に生地がくっつかないように打ち粉（強力粉、なければ薄力粉）を全体に広がるように少量ふる。

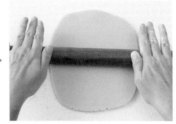

めん棒で生地を叩いて平らにし、生地の上にめん棒をのせて少し力をかけながらめん棒を転がすように何度か往復させる。生地を回転させ、同様にのばす作業を繰り返す。

レシピで指定された厚みまでのばす。

POINT

めん棒を使って生地を持ち上げる

のばした生地を持ち上げるときはめん棒に巻きつけると形が崩れずきれいに持ち上げられます。打ち粉を再度ふりたいときなどに使えます。

生地のならし方

ゴムベラやカードを使って型に流した生地を均一に広げ、表面を平らにする。

生地をならすことで焼き上がりがきれいになり、表面に空洞ができたりでこぼこになることを防ぐ。

27

:: クッキー型の抜き方

1 強力粉を入れた容器に抜き型を入れて打ち粉を
する。

2 生地を抜き型で抜く。

3 抜いた生地を天板に置く。

4 抜いた生地がべたついて持ち上がらない場合は
カードではがして天板に置く。

POINT

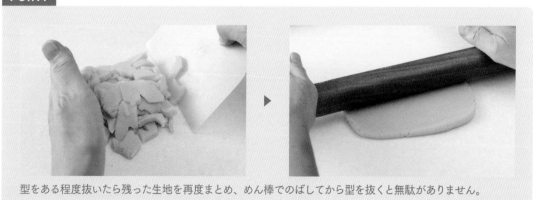

型をある程度抜いたら残った生地を再度まとめ、めん棒でのばしてから型を抜くと無駄がありません。

生地の並べ方

天板に生地を並べるときは、たがい違いになるようにすると
オーブンの熱が均一に行き渡り、きれいに焼くことができます。

OK
全体が均一に焼ける。

NG
2列目以降に熱が伝わらない。

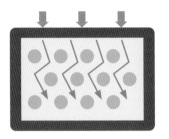

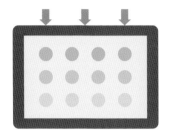

焼き上がりの見極め方

生焼けの場合

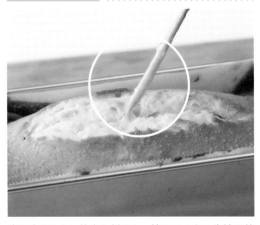

真ん中あたりに竹串を刺すと、焼けていない生地が竹
串についてきてしまう。

焼けている場合

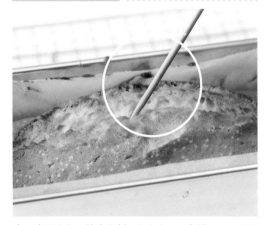

真ん中あたりに竹串を刺したときに、生地がついてこ
ず、竹串がきれいなままなのが焼けている証拠。型
から取り出し、あら熱を取る。

POINT

追加でオーブン加熱をする際は
オーブンの前から離れない
生焼けだったり、焼き色があまりついていない場合は、再
度オーブンに入れて、様子を見ながら焼きましょう。この
ときは焼きすぎないように、オーブンから目を離さないよ
うにしてください。

∷ 生地の冷まし方

マドレーヌ

型から出し、網の上に「へそ」と呼ばれるでっぱり同士を合わせるようにして立てかけ、冷ます。

シフォン

型ごと裏返し、コップなどの高さがあるものの上にのせた状態で冷ます。

∷ ケーキを型から取る方法（シフォン型）

1 型の中央を手で押さえながら、包丁を側面に差し込んで一周する。

2 側面の型を取り、型の中央を手で押さえながら底面に包丁を差し込んで一周する。

3 型の中央部分に包丁を差し込んで一周する。

4 裏返して生地を下に落とす。

ケーキを型から取る方法（丸型）

丸型は底面と側面が分かれているため、
缶詰などを台に置き、焼き上がった型を
上にのせて側面を下に落とし、底面をはずす。
側面と底面のオーブンシートをはがす。

ケーキの切り方

1 バットに湯をはり、包丁の刃を湯にひたして温める。

2 キッチンペーパーなどで刃の水分をふき取る。

3 ケーキを切る。刃が温まっているため、断面を美しく切ることができる。

POINT

ケーキを一度切った後は、次に切るときに断面が汚くなってしまうため、毎回刃をふくことをおすすめします。刃の熱が冷めてしまったら再度湯にひたして温めてから切ってください。

オーブンの特徴

焼き菓子作りに欠かせないオーブンの種類と特徴を
わかりやすい表にして紹介します。
使用する際のポイントも必ず読んでください。

	電気オーブン 電気でゆっくりと加熱する、 火を使わないオーブン。	ガスオーブン ガスの燃焼によって熱した空気で 加熱するオーブン。

メリット	● 家庭で導入しやすい ● レンジ機能と一体化したものが 　多く、コンパクト ● やけどや火災のリスクが少ない ● 焼きムラができにくく 　仕上がりが安定しやすい	● 火力が強い ● 立ち上がりが早い ● 短時間で焼ける ● 大型のものが多く 　一度にたくさん焼ける
デメリット	● 火力が弱く、立ち上がりが遅い ● 庫内が乾燥しやすい	● ビルドインタイプが多く、 　家庭で導入しづらい ● やけどや火災のリスクがある
向いている料理	クッキー、スポンジ生地	パン、パイ生地、 肉・魚料理など

POINT

ガスオーブンを使用する際は
電気オーブンの焼成温度より10度下げる
ガスオーブンの方が電気オーブンよりも火力が
強いため、本書のレシピでガスオーブンを使用
する場合は焼成温度を10度下げてください。

POINT

オーブンで生地を焼くときは中断か下段に入れる
生地をオーブンで焼くときは、2段のオーブンなら下段、
3段のオーブンなら中段か下段に入れましょう。ケーキ
類など高さがあるものはオーブンの上部がぶつかったり、
焦げやすくなったりするため、下段に入れるのがおすす
めです。

これってどうなの？
焼き菓子作りの
ギモン

これとこれってなにが違うの？ だったり
これがないときはなにかで代用できる？ など
焼き菓子作りのギモンの数々にお答えします。

Q 焼き菓子作りで使う粉類には
どんな種類がありますか？

A 生地には主に薄力粉を、打ち粉として強力粉を使用します。

薄力粉

軟質小麦から作られる小麦粉で、強力粉に比べて粒子が細かく、水を加えても粘りが出にくいのが特徴です。さっくり軽い口当たりになるため、主にお菓子作りや天ぷらの衣に使われます。

強力粉

硬質小麦から作られる小麦粉で、タンパク質を多く含み、水を加えると粘りが出るのが特徴です。パン作りに適しており、本書では主に打ち粉として使用しています。

Q ベーキングパウダーは
重曹で代用できますか？

ベーキングパウダー

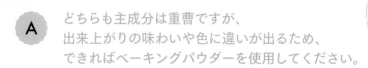

A どちらも主成分は重曹ですが、
出来上がりの味わいや色に違いが出るため、
できればベーキングパウダーを使用してください。

重曹

どちらも生地に使える膨張剤で、実はふたつとも主成分は重曹。熱が加わることで炭酸ガスが発生し、生地が膨らむ仕組みです。代用できないこともないですが、重曹に比べてベーキングパウダーの方が生地に苦みが出にくく、色の影響も出ないため本書ではベーキングパウダーを使用しています。ベーキングパウダーは古くなると膨張する力が落ちてしまうので、開封後は密閉の上高温多湿を避けて冷暗所で保存、早めに使い切るようにしましょう。

Q ベーキングパウダーは省いてもよいですか？

A 生地を膨らませる大切な役割があるので、入れましょう。

ベーキングパウダーは生地に加えて加熱することで二酸化炭素や水蒸気を発生させ、生地が膨らむという仕組みです。ベーキングパウダーを省くと膨らみが少なくなることで、食感にも違いが出てしまいますので、必要なものと考えて入れてください。

\ ふっくら / \ ぺちゃんこ /
あり　　なし

Q レシピの砂糖の量は減らしてもよいですか？

A 砂糖の役割は甘みづけだけではありません！レシピ通りの量を入れてください。

砂糖は味だけでなく、保存にも重要な役割を果たしています。また、カップケーキのような膨らませたい生地の場合、膨らみが小さくなってしまうことも。はじめは量の多さに驚くかもしれませんが、おいしい出来上がりのために思い切って入れてみてください。

\ ふっくら / \ ぺちゃんこ /
Bon Gâteaux
あり　　なし

Q 焼き菓子作りで使う砂糖にはどんな種類がありますか？

A 基本はグラニュー糖ですが、レシピによって粉砂糖やブラウンシュガーを使うことも。

粉砂糖

一般的にグラニュー糖を粉状にしたもの。コーンスターチを混ぜてパウダー状にしたものもあります。繊細な生地に入れるときや、仕上げの飾りとして使用します。

グラニュー糖

精製度が高く、クセがないためお菓子作り全般で使われます。また、卵の泡立ちを安定させる効果もあります。

レシピに「砂糖」と記載されている場合は上白糖で代用してもかまいません。

ブラウンシュガー

三温糖や黒砂糖など、色のついた砂糖の総称。グラニュー糖などよりコクがあり、味に深みが出ます。

はちみつ

やさしい甘みが特徴。生地にしっとりとした食感を出すことができます。お菓子によっては砂糖の代わりとして使うことも可能です。

Q 焼き菓子作りで使う
油分にはどんな種類が
ありますか？

A 主にバターを使用しますが、
シフォンケーキでは
サラダ油を使います。

焼き菓子作りでは食塩不使用のものを使い、レシピによって冷たいまま、室温にもどす、溶かすなど様々な状態で使用します。発酵バターを使うとよりリッチな味わいに。

バター

サラダ油

生成された植物油の一種。無味無臭なので料理によく使われ、本書ではシフォンケーキなどで使用しています。

Q バターは
室温にもどさないと
ダメですか？

A 冷たいままだと混ぜにくく、
仕上がりにも
影響が出てしまいます。

バターを室温にもどさずに冷蔵庫から出してすぐ使用すると、やわらかくするのに時間がかかり、他の材料とも混ざりにくくなってしまいます。また、気泡を取り込みにくくなるため、仕上がりにも影響が。事前準備も含めて焼き菓子作りと考えて取り組みましょう。

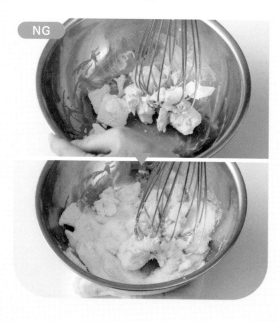

NG

Q バターはサラダ油で
代用できますか？

A 溶かしバターであれば
代用可能ですが、
バター特有の風味が
味わえなくなります。

レシピで溶かしバターを使用しているものであればサラダ油などで代用できますが、バターならではの風味が出来上がりのおいしさのひとつでもあるため、代用はあまりおすすめしません。

Q 有塩バターは
使ったらダメですか？

A 出来上がりや味に影響が！
無塩バターを選びましょう。

バターには有塩と無塩があり、お菓子作りには基本的に無塩（食塩不使用）バターを使用します。これは、塩分が出来上がりや味に影響するから。バターをたくさん使用する焼き菓子では特に味や風味が変わってしまうので、無塩バターを使いましょう！

おいしさを保つ！
焼き菓子の保存方法

せっかくおいしい焼き菓子が出来上がったのなら、
最後までおいしく食べたいもの。
ご自宅で簡単にできる焼き菓子の保存方法をお教えします。

クッキー

密閉できる容器に入れて
乾燥剤も忘れずに

クッキーにとって、湿気は大敵。保存容器やジッパーつき保存袋などに入れ、あれば乾燥剤と一緒に入れておくと時間が経ってもおいしく食べられます。もしちょうどよい大きさの缶があるのなら、クッキーを何種類か焼いてオリジナルのクッキー缶にするのもおすすめです！とってもかわいらしく、焼き菓子作りのモチベーションも上がります。その際も乾燥剤を一緒に入れておくと安心です。

スコーン

ひとつずつラップで包んで
冷蔵または冷凍保存

スコーンは一度にたくさん焼いても大丈夫。ひとつずつラップで包んで冷蔵庫で保存でき、またラップで包んでからジッパーつき保存袋に入れて冷凍保存も可能です。焼いて保存しておけば、好きなときに解凍しておやつや軽食にできるのでとてもおすすめです。

ケーキ類

深さのある保存容器を裏返して
形をきれいに保つ

触ると崩れやすいケーキ類は、保存に困りがち。おすすめの保存方法は、深さのある保存容器をひっくり返してフタの上にのせ、そのまま容器部分をかぶせるやり方。ケーキのきれいな形を崩さずに冷蔵庫で保存でき、少し食べたいときはフタの上で切ってまた保存できるので、とても便利です。

材料の保存方法

卵白

深さのある小さめの容器にラップをふんわりとかけ、中央をくぼませます。ラップのくぼみに卵白1個分をそっと入れてください。

▼

そっとラップの端を持ち上げ、なるべく空気が入らないようラップをねじり、輪ゴムで留めれば完成。このまま冷凍庫で保存できます。使いたいときは冷蔵庫で自然解凍してください。

バター

バターをおいしく保存するには10℃以下の温度で、できるかぎり空気に触れさせないことがポイントです。もともと包んであった銀紙はそのまま残し、しっかり密着させてください。その状態でジッパーつき保存袋に入れて冷蔵保存すると、空気に触れないので酸化しづらく、風味が落ちません。この状態で冷凍保存も可能です。

小麦粉・生クリーム・牛乳

新鮮な状態かどうかで焼き菓子のおいしさが変わります。どれも開封したら早めに使い切るようにしましょう。また、早めに使い切れる量を買うように心がけましょう。

ひと手間でかわいく！
焼き菓子別
おすすめのラッピング法

お呼ばれの手土産や、プレゼントにおすすめなラッピング方法を
焼き菓子の種類別に、ポイントも合わせてご紹介します。
製菓材料店や100円ショップなどで手に入るものばかりですのでぜひ参考にしてみてください。

クッキー

ちょっとした
プレゼントに♪

透明な袋にお好きな柄のワックスペーパーを入れ、クッキーを重ならないように入れたら袋の口を留める。

POINT

ワックスペーパーは台紙の代わりになるので、袋の大きさに合わせて折りたたんでから入れましょう。クッキーはなるべくぴったりとつめることで、持ち運ぶ際に動かず、割れにくくなります。

マドレーヌ

レースが
かわいい♡

透明な袋にマドレーヌを入れたら袋の口を折り、上からレースペーパーをかぶせる。パンチで穴を開け、リボンを結んで留める。

POINT

ラッピングで大切なことは2つ。包むものをおいしい状態に保てるかと、包むものの形を崩さずに持ち運べるか、です。これを意識した上で、好きな柄や色のものにアレンジして、オリジナリティのあるラッピングを楽しんでください。

カップケーキ

結び目が
ポイント！

パラフィン紙かワックスペーパー、紙ナプキンを
用意する。中央にカップケーキを置き、端を持ち
上げ、なるべく空気が入らないようねじる。パラ
フィン紙の場合はそのまま、ワックスペーパーや
紙ナプキンの場合はひもで口を縛る。

ブラウニー

透明な袋にブラウニーを入れ、袋の口を閉じる。
細く切ったお好きな柄の紙やマスキングテープ
を帯のように巻きつけて、アクセントにする。

好きな柄で
アレンジ！

お呼ばれの
手土産に♪

パウンドケーキ

パウンドケーキをパラフィン紙で包み、シールや
マスキングテープで留める。ひもを十字にかけて、
ずれないようにシールやマスキングテープで留め
る。小さめのグリーンやドライフラワーを差し込む
と、より素敵に。

シフォンケーキ

シールが
アクセントに！

透明なロールフィルムで切り分けたシフォン
ケーキを包み、シールで留めて閉じる。パラフィ
ン紙やワックスペーパーで包んでもよい。やわ
らかいので、紙袋などに入れて持ち運ぶ。

焼き菓子作りの用語集

焼き菓子作りには独特な表現や単語が出てきます。
レシピを読む段階で分からない言葉が出てきたら、
ここを読んで確認してください。

【あ】

アパレイユ

粉や卵、バターなど複数の材料を混ぜ合わせた流動
状の生地のこと。

あら熱を取る

煮たり焼いたりした後の熱い状態のものを、手で触れ
られるくらいの温度に冷ますこと。そのままの状態で
冷ますことが多い。

泡立てる（P25）

卵や生クリームを泡立て器やハンドミキサーでかき立
てて、空気を含ませること。混ぜる目安には「ツノが
立つ」や「先がおじぎする程度」などがある。

● ツノが立つ

生クリームや卵白を泡立てたときに、泡立て器やハン
ドミキサーの羽根を持ち上げることで、クリームの先
端がピンと立つ様子。

打ち粉

クッキー生地などをのばすときに、生地が台やめん棒にくっつかないようにするためにふる粉。サラっとした強力粉が望ましいが、なければ薄力粉でもよい。

【か】

型抜き

クッキーなどを作る際に、薄くのばした生地を型で抜くこと。いろいろな形の抜き型がある。

乾炒り

ナッツ類を低温でローストすること。余分な水分を除いたり、香ばしさを出すために行う。

カラメル

砂糖と水を煮詰めて焦がしたもので、焦がすほど苦みが増す。そのまま生地に混ぜたり、水や生クリームでのばして使用する。

クリーム状

バターなどをゴムベラや泡立て器でふわっとやわらかく練った状態。

氷水に当てる

生クリームを泡立てたり、ボウルに入った材料を早く冷やしたいときに、ひと回り大きいボウルに氷水を入れて、底を当てて冷やすこと。

こす

クリームや液体をザルや茶こしを通してなめらかにすること。

【さ】

室温にもどす（P19）

バターや卵、牛乳などを冷蔵庫から出してそのまま室内に置いておき、室温と同じくらいの温度にすること。

シロップ

砂糖と水を合わせて加熱した液体。

【た】

ダマ

粉類や砂糖が均一に混ざらないで、小さなかたまりができたもの。粉類はふるってから使い、砂糖はかたまりをつぶしてから使うことで発生を防げる。

溶かしバター

バターを溶かした状態。湯せんや電子レンジで加熱して液状に溶かす。

【は】

ピケ

生地が膨らみすぎるのを防ぐために、フォークなどで生地に穴を開けること。

人肌

指先で触れたときに熱くなく、少し温かいくらいの、人間の体温と同じ（36〜37℃）くらいの温度。卵液や牛乳の温め具合や、冷まし具合を表現するときに、目安として用いられる。

分離

バターやチョコレートなどの油分と、卵や牛乳などの水分があまり混ざらず、ブツブツとした状態になること。お菓子作りではバターと卵を混ぜ合わせたときや生クリームや牛乳を煮立てたときなどに分離しやすい。一度分離してしまうと修正は難しいため、水分を少しずつ加えるなどの工夫が必要。

ふるう

粉類を目の細かいザルや粉ふるいを通して目の細かい状態にすること。空気を含ませることでダマを取ることができる。

● 合わせてふるう

薄力粉とベーキングパウダー、薄力粉とココアパウダーのように2種類以上の粉類を一緒にふるうこと。ボウルで泡立て器を使って混ぜ合わせてから目の細かいザルや粉ふるいでふるうと均一に混ざる。

ボトム

お菓子の底の部分。本書ではベイクドチーズケーキ、ニューヨークチーズケーキ、スフレチーズケーキのレシピで登場する。砕いたクッキーとバターを混ぜたものを型の底に敷く。

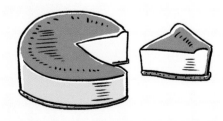

43

【ま】

混ぜる

● さっくり切るように混ぜる（P24）

生地に粉類やメレンゲを加えて混ぜる際に、練らず、気泡をつぶさずに混ぜる方法。ボウルを回しながらゴムベラで生地を返すようにして混ぜる。

● すり混ぜる

バターや砂糖、卵などを混ぜるときに、泡立てずゴムベラや泡立て器をボウルの底に押し当て、こすりつけるように混ぜること。

まとめる

生地をこねてひとつに丸めた状態にすること。

まぶす

粉砂糖やココアパウダーなどを全体につけること。仕上げに行うことが多い。

メレンゲ

卵白を泡立てたもの。卵白に砂糖を混ぜて泡立てる。シフォンケーキなどの気泡を含むお菓子に用いる。本書では通常のメレンゲとイタリアンメレンゲが登場する。

● イタリアンメレンゲ

軽く泡立てた卵白に、熱いシロップを垂らしながら泡立て続け、シロップの熱で卵白の一部を熱凝固させて泡立てたもの。しっかりとした固さのメレンゲになる。

もったりする

卵や生クリーム、バターなどを泡立てたり混ぜるときの濃度の目安。泡立て続けると次第にテクスチャーが変わり、とろみがついてぽってりした状態になる。

【や】

休ませる

クッキー生地などを冷蔵庫に置いたり、室温に置いてなじませること。生地の弾力をおさえ、のばしやすくするために行う。

湯せん

鍋やボウルに湯を張り、材料の入った耐熱ボウルや耐熱容器をのせ、間接的に加熱すること。主にバターやチョコレートを溶かすときに用いる方法。

湯せん焼き

天板やバットに湯を注ぎ、オーブンで生地を蒸し焼きにすること。生地への火のあたりをやわらかくして、生地表面の乾燥を防いでふんわりと焼き上げる。

予熱

生地を焼く前にオーブンを指定の温度まで熱しておくこと。

焼き菓子に合うクリーム3種

スコーンなどにつけるとおいしいクリームのレシピを3つご紹介します。
バタークリームは卵黄を使用し、レーズンバターサンド（P62）のクリームとはまた違った味わいです。
マロンクリームはカップケーキにのせてもおいしいです。

A バタークリーム

材料（出来上がり量　100g）

バター（食塩不使用）………………… 50g
卵黄 …………………………………… 1個分
砂糖 …………………………………… 30g
牛乳 …………………………………… 25ml

● 作り方

1 耐熱ボウルに卵黄を入れて泡立て器で溶きほぐし、砂糖を加えて白っぽくなるまで混ぜる。

2 牛乳を加えて混ぜる。

3 電子レンジ（600W）で30秒加熱し、一度取り出して泡立て器で全体を混ぜ、再び15秒加熱する。

4 ハンドミキサーで全体が白っぽくもったりとして、ボウルの底が完全に冷めるまでしっかりと泡立てる。

5 別のボウルに室温にもどしたバターを入れ、ゴムベラでマヨネーズ程度のなめらかさになるまで練り混ぜる。4のソースを4〜5回に分けて加え、その都度よく混ぜる。

B カスタードクリーム

材料（出来上がり量　80g）

卵黄 …………………………………… 1個分
砂糖 …………………………………… 15g
薄力粉 ………………………………… 5g
牛乳 …………………………………… 50ml

● 作り方

1 耐熱ボウルに卵黄を入れて泡立て器で溶きほぐし、砂糖を加えて混ぜる。砂糖の粒が見えなくなったら薄力粉を加えて混ぜ、混ざったら牛乳を加えて混ぜる。

2 1を電子レンジ（600W）で1分加熱し、一度取り出して泡立て器で全体を混ぜ、再び30秒加熱し、取り出して混ぜる。

3 ラップを密着させて冷ますか、2をバットに流して平らにし、ラップを密着させて上に保冷剤をのせて冷ます。

C マロンクリーム

材料（出来上がり量　80g）

マロンクリーム（加糖）………………… 50g
生クリーム …………………………… 30ml

● 作り方

1 ボウルにマロンクリームを入れ、ゴムベラでなめらかにする。

2 ボウルの底を氷水に当てながら生クリームを少しずつ加え、混ぜ合わせる。

第 2 章

焼き菓子の定番

はじめての
クッキー

焼き菓子作りでまず作ってみてほしいのがクッキー。
簡単だけど奥深い、はじめて作るのに
ぴったりのレシピがたくさん。
慣れるまで何度も繰り返し作ってみて、
経験を積んでいきましょう。

最初に挑戦したい！

型抜きクッキー

基本の、素朴なおいしさの型抜きクッキーです。
最近では様々な形のクッキー型が手に入りやすくなっているので、
ぜひお好きな型で、いろいろな形のクッキーを作ってみてください。

材料（4.5cm星型20個・4cmハート型20個分）

バター（食塩不使用）……50g
砂糖……50g
卵……1/2個分（25g）
薄力粉……125g
打ち粉（強力粉）……適量

使う道具

・粉ふるい
・オーブンシート
・ボウル
・ゴムベラ
・泡立て器
・ラップ
・めん棒
・バット
・クッキー型
・カード
・フライ返し
・網

準備

① バターと卵は室温にもどす。
② 卵は溶いておく。
③ 薄力粉はふるう。
④ 天板にオーブンシートを敷く。

● 作り方

1 生地を作る

ボウルにバターを入れてゴムベラでやわらかくする。

ボウルの下に濡らして固く絞ったふきんを敷いておくと、材料を混ぜるときにボウルがすべりにくくなります。

砂糖を加え、ゴムベラでなじむまですり混ぜる。

2 バターと砂糖を混ぜる

泡立て器に持ち替え、バターと砂糖が白っぽくなるまですり混ぜる。

泡立て器は柄を握るように持つと力を入れやすくなります。

3 卵を加える

溶きほぐした卵を2〜3回に分けて加え、その都度よくすり混ぜる。

卵は分けて加えることで混ざりやすくなります。

4 薄力粉を加える

ふるった薄力粉を加え、ゴムベラでさっくりと切るように混ぜる。

練るとグルテン（粘り成分）が多くなって生地がしまり、歯ざわりが悪くなってしまいます。

5 生地をなじませる

粉っぽさがなくなり、生地がまとまってきたらゴムベラでボウルに押しつけるようにしてなじませる。

6 生地を休ませる

ラップで包み、手である程度平らにしたらめん棒で薄くのばす。

バットなどにのせ、冷蔵庫で1時間以上休ませる。

> 生地を冷やし固めて成型しやすくするために行います。

7 打ち粉をふる

150度に予熱する

オーブンを150度に予熱する。台の上に打ち粉を広げるようにふる。

> 打ち粉はできるだけ生地に混ざらないよう、薄く広げるようにふってください。

8 生地をまとめる

冷蔵庫から生地を出す。出したばかりで固い生地を、生地を折ってから手のひらで押してほぐし、ひとまとめにする。

9 生地をのばす（P27も参照）

まとめた生地をめん棒で叩いて平らにしてから、5mmの厚さにのばす。

> めん棒にも打ち粉をつけると、生地がのばしやすくなります。

時間がたつと生地がべたついてくるので、打ち粉をふり、生地を90度回転させながらのばす。

> 生地がべたついて扱いづらい場合は、その都度冷蔵庫で冷やしてから作業してください。

10 型を抜く (P28 も参照)

型に打ち粉をつけながら生地を抜き、天板に並べる。

> 2〜3個に1回くらい打ち粉をつけると抜きやすいです。できるだけ端から生地を抜くことで、一度にたくさん抜くことができます。生地がくっついて抜きにくい場合は、カードではがして取ってください。

残った生地は集めてひとまとめにし、9〜10の作業を繰り返す。

11 焼く

予熱したオーブンで約20分焼く。天板にのらない生地は冷蔵庫に入れておき、1度目が焼けたら同様に焼く。

12 冷ます

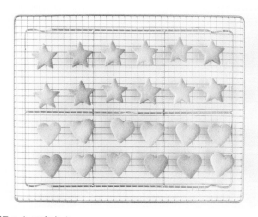

焼けたら網の上で冷ます。

> 焼き立ての生地は熱いので、フライ返しなどで天板から網に移動させてください。

ヒント!

4でボウルに薄力粉を入れた後に生地を練るように混ぜると、固い食感のクッキーになってしまいます。ゴムベラで切るように混ぜることを意識してください。型を抜くときに生地がべたついてきたら、無理に抜こうとせずに生地を冷蔵庫で冷やしましょう。

アメリカン
チョコチップクッキー

基本の型抜きクッキーよりもやわらかく、
しっとり感のあるアメリカンクッキー。チョコチップを後からのせることで、
表面にチョコチップがたっぷりの、かわいらしい見た目になります。

材料（5cm・15個分）

バター（食塩不使用） ……………… 50g
ブラウンシュガー …………………… 45g
卵 ………………………… 1/2個分（25g）
塩 ……………………… ひとつまみ（1g）
薄力粉 ………………………………… 80g
ベーキングパウダー … 小さじ1/4（1g）
チョコチップ ………………………… 20g

【飾る用】
チョコチップ ………………………… 20g

使う道具

・粉ふるい
・オーブンシート
・ボウル
・ゴムベラ
・泡立て器
・スプーン
・網

準備

① バターは室温にもどす。
② 薄力粉とベーキングパウダーは合わせてふるう。
③ 卵は塩を混ぜ合わせて溶いておく。
④ 天板にオーブンシートを敷く。

● 作り方

1 生地を作る

ボウルにバターを入れてゴムベラでやわらかくし、ブラウンシュガーを加えてなじむまですり混ぜる。泡立て器に持ち替え、バターとブラウンシュガーが白っぽくなるまですり混ぜる。

2 残りの材料を加える

溶きほぐした卵を3回に分けて加え、その都度よくすり混ぜる。

合わせてふるった粉類とチョコチップを加え、ゴムベラでさっくりと切るように混ぜる。

3 🔲 150度に予熱する 生地を成型する

オーブンを150度に予熱する。3〜4cmくらい間隔をあけながら、天板にスプーン2本で生地を丸く落としていく。

生地は焼くと少し広がるので、間隔をあけて置いてください。

飾る用のチョコチップをのせ、上から押さえて平らにする。

4 焼く・冷ます

予熱したオーブンで約20分焼く。焼けたら網の上で冷ます。

ヒント！

天板に生地を落としていくときは、たがい違いの位置に落とすことで、オーブンの熱が伝わりやすくなり、均一に焼けます。

ARRANGED

絞り出しクッキー

形がわいらしい絞り出しクッキー。
絞り出しは一見難しく感じるかもしれませんが、
コツをつかめばとってもきれいにできるようになります。

材料（4ｃｍ大・約42個分）	使う道具		準備
バター（食塩不使用）……… 90g	・粉ふるい	・泡立て器	① バターは室温にもどす。
粉砂糖 ……………………… 35g	・絞り袋	・フォーク	② 卵白は溶いておく。
卵白 …………… 1/2個分（15g）	・星型の口金	・ゴムベラ	③ 粉砂糖と薄力粉はそれぞれふるう。
薄力粉 …………………… 100g	・オーブンシート	・網	④ 絞り袋に星型の口金をセットする。
	・ボウル		⑤ 天板にオーブンシートを敷く。

1 生地を作る

ボウルにバターを入れてゴムベラでやわらかくし、ふるった粉砂糖を加えてなじむまですり混ぜる。泡立て器に持ち替え、バターと粉砂糖が白っぽくなるまですり混ぜる。

2 卵と薄力粉を加える

溶きほぐした卵白を2回に分けて加え、その都度よくすり混ぜる。ふるった薄力粉を加え、ゴムベラでさっくりと切るように混ぜる。

> 卵白はフォークでかたまりを切るようにほぐしながら入れましょう。生地は練るとグルテン（粘り成分）が多くなって生地がしまり、歯ざわりが悪くなってしまいます。

3 生地をなじませる

生地がまとまってきたらゴムベラでボウルに押しつけるようにしてなじませる。

4 150度に予熱する 生地を絞り袋に入れる（P26も参照）

オーブンを150度に予熱する。絞り袋に生地を入れる。

> 絞りにくくなるため、生地を袋いっぱいに入れないようにしましょう。

絞り袋の口をねじり、親指と人差し指のあいだではさんで持つ。

5 生地を絞る（P27も参照）

もう一方の手で誘導しながら小さな円を描くように絞り出す。

6 焼く

予熱したオーブンで約20分焼く。

7 冷ます

焼けたら網の上で冷ます。

> **ヒント!**
> お使いのオーブンによって焼き色にムラが出ることがあります。その場合は焼けたものから取り出し、さらに2～3分様子を見ながら焼いてください。

スノーボールクッキー

ホロホロとした食感で雪をまとったような見た目がかわいい。
クッキー生地は甘さひかえめにしているので、
周りにたっぷりと粉砂糖をまぶして。

材料（16個分）

バター（食塩不使用）………50g
粉砂糖 …………………………20g
アーモンドパウダー ………15g
薄力粉 …………………………60g
コーンスターチ ……………20g

【まぶす用】
粉砂糖 ……………………約20g

使う道具

・粉ふるい
・オーブンシート
・ボウル
・ゴムベラ
・泡立て器
・ラップ
・めん棒
・バット
・包丁
・まな板
・網

準備

① バターは室温にもどす。
② 粉砂糖は生地用とまぶす用をどちらもふるう。
③ 薄力粉とコーンスターチは合わせてふるう。
④ 天板にオーブンシートを敷く。

● 作り方

1 生地を作る

ボウルにバターを入れてゴムベラでやわらかくし、ふるった粉砂糖を加えてなじむまですり混ぜたら、泡立て器に持ち替えて白っぽくふんわりするように混ぜる。

> ホロホロの食感にするために、ふんわり空気を入れるように混ぜます。

2 アーモンドパウダーを加える

アーモンドパウダーを加えて混ぜる。

3 薄力粉を加える

合わせてふるった粉類を加え、ゴムベラでさっくりと切るように混ぜる。

4 生地を休ませる

ラップに包み、手である程度平らにしたらめん棒で薄くのばしてバットなどにのせ、冷蔵庫で30分以上冷やす。

> 冷やすのは成型しやすくするためです。

5 🍳 150度に予熱する
生地を16等分する

オーブンを150度に予熱する。台の上に打ち粉を広げるようにふる。冷蔵庫から生地を出す。生地をこねて棒状にし、包丁で16等分にする。

6 生地を成型する・焼く

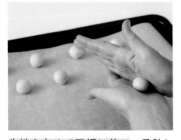

生地を丸めて天板に並べ、予熱したオーブンで約20分焼く。

7 冷ます・粉砂糖をまぶす

焼けたら天板のまま冷まし、あら熱が取れたら、粉砂糖をまぶして網にのせる。

ココアクッキー

基本のクッキー生地にココアパウダーを加えてアレンジ。
シンプルで甘さひかえめなのでココアの風味が楽しめます。
バレンタインのプレゼントにもおすすめです。

材料（直径4.5cm・22個分）

バター（食塩不使用）…………	50g
砂糖 …………………………………	50g
卵 ……………………………	1/2個分（25g）
薄力粉 ……………………………	110g
ココアパウダー …………………	10g
打ち粉（強力粉）…………………	適量

使う道具

- ・粉ふるい
- ・オーブンシート
- ・ボウル
- ・ゴムベラ
- ・泡立て器
- ・ラップ
- ・めん棒
- ・バット
- ・クッキー型
- ・網

準備

① バターと卵は室温にもどす。
② 卵は溶いておく。
③ 薄力粉とココアパウダーは合わせてふるう。
④ 天板にオーブンシートを敷く。

1 生地を作る

ボウルにバターを入れてゴムベラで
やわらかくし、砂糖を加えてなじむ
まですり混ぜる。泡立て器に持ち替
え、バターと砂糖が白っぽくなるま
ですり混ぜる。

2 残りの材料を加える

溶きほぐした卵を2〜3回に分けて
加え、その都度よくすり混ぜる。合
わせてふるった粉類を加え、ゴム
ベラでさっくりと切るように混ぜる。

> 練るとグルテン（粘り成分）が多く
> なって生地がしまり、歯ざわりが悪
> くなってしまいます。

3 生地をなじませる

生地がまとまってきたらゴムベラで
ボウルに押しつけるようにしてなじ
ませる。

4 生地を休ませる

ラップで包み、手である程度平らに
したらめん棒で薄くのばしてバット
などにのせ、冷蔵庫で1時間以上休
ませる。

> 生地を冷やし固めて成型しやすく
> するために行います。

5 生地をまとめる

🔲 150度に予熱する

オーブンを150度に予熱する。台
の上に打ち粉を広げるようにふる。
冷蔵庫から生地を出し、出したばか
りで固い生地を、生地を折ってから
手のひらで押してほぐし、ひとまと
めにする。

6 生地をのばす
（P27 も参照）

生地を5mmの厚さにのばす。

7 型を抜く
（P28 も参照）

型に打ち粉をつけながら生地を抜
き、天板に並べる。残った生地は
集めてひとまとめにし、6〜7の作
業を繰り返す。

8 焼く

予熱したオーブンで約20分焼く。
天板にのらない生地は冷蔵庫に入
れておき、1度目が焼けたら同様に
焼く。

9 冷ます

焼けたら網の上で冷ます。

ARRANGED

チーズクッキー

たまにはひと味違ったクッキーはいかがでしょう。
程よい塩気がたまらないチーズクッキーは
ワインなどとよく合い、おつまみにぴったりです。

材料（3cm角・32枚分）

薄力粉 ……………………… 100g
塩 …………………… ふたつまみ（2g）
砂糖 ………………………………… 5g
バター（食塩不使用）…………… 50g
パルメザンチーズ（すりおろしたもの）
……………………………………… 30g
牛乳 …………………………… 大さじ2
打ち粉（強力粉）………………… 適量

使う道具

・粉ふるい　　・ボウル　・ラップ　・バット　・まな板
・オーブンシート　・カード　・めん棒　・包丁　・網

準備

① バターは1cm角に切って冷蔵庫で冷やしておく。
② 薄力粉はふるう。
③ 天板にオーブンシートを敷く。

● 作り方

1 生地を作る

ボウルにふるった薄力粉、塩、砂糖を入れて混ぜ合わせる。冷やしたバターを加えて粉をまぶしながらカードで刻む。

2 生地をすり合わせる

バターの粒が小さくなったら生地を両手ですり合わせ、サラサラの状態にする。

> バターは小豆の粒くらいのサイズが目安です。

3 生地をまとめる

パルメザンチーズを加え、牛乳をまわしかけて、カードでさっくり混ぜて全体をまとめる。

> 練るとサクサク感が出ないため、バターの粒が少し残る程度でまとめてください。

4 生地を休ませる

ラップで包み、手である程度平らにしたらめん棒で薄くのばしてバットなどにのせ、冷蔵庫で1時間以上休ませる。

5 🔲 150度に予熱する 生地をまとめる

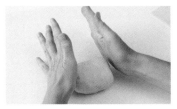

オーブンを150度に予熱し、台の上に打ち粉を広げるようにふる。冷蔵庫から生地を出し、出したばかりで固い生地を折ってから、手のひらで押してほぐすようにひとまとめにする。

6 生地をのばす
（P27も参照）

生地を2等分し、ひとつはラップで包んで冷蔵庫で冷やす。もうひとつの生地は5mm厚さにのばす。

> のばすときに生地が割れたら指やカードで修復してください。

7 生地を成型する

包丁で3cm角に切り、天板に並べる。残り半分の生地も冷蔵庫から出し、同様にする。

> 写真では12cm大の正方形にのばしています。

8 焼く

予熱したオーブンで約20分焼く。

9 冷ます

焼けたら網の上で冷ます。

クッキー／チーズクッキー

レーズンバターサンド

サクサクのクッキー生地で
ラム酒漬けしたレーズンとバタークリームをサンドした
ちょっとリッチなお菓子です。

材料（約4×7cm・12個分）

【クッキー生地】
バター（食塩不使用）…………… 100g
粉砂糖 …………………………… 60g
卵黄 ……………………… 1個分（20g）
薄力粉 …………………………… 150g
ベーキングパウダー … 小さじ1/4（1g）
アーモンドパウダー ……………… 20g

【バタークリーム】（約24枚分）
卵白 ………………………… 1個分（30g）
砂糖 ……………………………… 40g
水 ………………………………… 40ml
バター（食塩不使用）…… 100g

【ラム酒漬けレーズン】
レーズン ………………………… 100g
ラム酒 …………………………… 100ml

使う道具

・保存容器　　　　・型紙
・粉ふるい　　　　　（15×20cm）
・オーブンシート　・包丁
・ボウル　　　　　・まな板
・ゴムベラ　　　　・網
・泡立て器　　　　・耐熱容器
・ラップ　　　　　・スプーン
・めん棒　　　　　・ハンドミキサー
・バット　　　　　・絞り袋
・はかり　　　　　・丸口金

準備

① レーズンは熱湯にサッとくぐらせ、水気をよくふき取ってから保存容器に
　 入れ、ラム酒をレーズンがひたるくらいまで注ぎ、冷暗所で1日以上置く。
② 型紙（15×20cm）を作り、ラップを巻きつけておく。
③ バターはそれぞれ室温にもどす。
④ 薄力粉、ベーキングパウダー、アーモンドパウダーは合わせてふるう。

⑤ 粉砂糖はふるう。
⑥ 天板にオーブンシートを敷く。

● 作り方

1 生地を作る

ボウルにバターを入れてゴムベラで
やわらかくし、ふるった粉砂糖を加
えてなじむまですり混ぜる。

2 バターと粉砂糖を混ぜる

泡立て器に持ち替え、バターと粉砂
糖が白っぽくなるまですり混ぜる。

3 卵黄を加える

卵黄を加えてすり混ぜる。

4 粉類を加える

合わせてふるった粉類を加え、ゴ
ムベラでさっくりと切るように混ぜ
合わせる。

> 練るとグルテン（粘り成分）が多く
> なって生地がしまり、歯ざわりが悪
> くなってしまいます。

5 生地をなじませる

生地がまとまってきたらゴムベラで
ボウルに押しつけるようにしてなじ
ませる。

6 生地を休ませる

ラップで包み、手である程度平らに
したらめん棒で薄くのばしてバット
などにのせ、冷蔵庫で1時間以上休
ませる。

> 生地を冷やし固めて成型しやすくす
> るために行います。

7 生地を成型する

📺 150度に予熱する

オーブンを150度に予熱する。生地は重さをはかって2等分する。ひとつはラップをして冷蔵庫で冷やし、もうひとつの生地はこねてから15×20cmサイズの型紙と一緒にラップでくるんでめん棒でのばし、冷蔵庫で10分ほど冷やす。残りの生地も同様にする。

> 厚紙とラップを使うときっちり15×20cmにのばせるので、事前に準備しておきましょう。

12等分(15cmの辺を4等分、20cmの辺を3等分)に切り、天板に並べる。

8 焼く

予熱したオーブンで約20分焼く。

9 冷ます

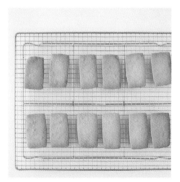

焼けたら網の上で冷ます。冷蔵庫で冷やした残りの生地も同様に切って焼く。

10 シロップを作る

耐熱容器に砂糖と水を入れ、よくかき混ぜてから電子レンジ(600W)で1分加熱する。一度取り出してよく混ぜ、完全に砂糖が溶けたら再び3分10秒加熱してシロップを作る。

11 卵白を泡立てる

シロップを加熱しているあいだにボウルに卵白を入れてハンドミキサーで泡立てておく。

> 卵白を泡立てる際は、ツノがおじぎをするくらいで止めます。ボウルをななめに傾けて、卵白をミキサーの羽根に絡めるように混ぜましょう。

12 シロップを確認する

OK **NG**

⑩のシロップをスプーンで少量すくって水の中に入れ、指で丸められるくらいの濃度になっていることを確認する。

> シロップは余熱でどんどん固くなるため、確認は手早く行いましょう。また、シロップと耐熱容器は熱くなっているので注意してください。

13 卵白にシロップを加える

⑩のシロップを卵白を泡立てたボウルに糸をたらすように加えながら、ハンドミキサーで泡立てる。

> シロップが入った容器は熱くなっているので必ずなべつかみなどをはめて作業してください。

14 メレンゲを泡立てる（P25も参照）

シロップを加え終わったら、白くもったりするまで泡立て続ける。

15 メレンゲにバターを加える

ボウルの底をさわって完全に熱が取れていたら、やわらかくしたバターをゴムベラで2〜3回に分けて加え、その都度よく混ぜる。

> バターはマヨネーズくらいのやわらかさが目安です。この工程は分離しやすいので頑張って混ぜましょう。

16 バタークリームとレーズンをはさむ・冷やす

⑨のクッキーを2枚1組にし、あいだに⑮のバタークリームを丸口金をつけた絞り出し袋に入れて絞り、ラム酒漬けレーズンを5〜7粒のせる。

もう一枚のクッキーをのせて少し押しつける。冷蔵庫でバタークリームが固まるまで1時間程度冷やす。

ヒント！

> メレンゲに熱いシロップを入れるとしっかりとしたメレンゲになり、これをイタリアンメレンゲといいます。

手軽に作れる！

アイスボックスクッキー

抜き型がいらない、シンプルなアイスボックスクッキー。
冷凍保存もできるから、生地を作っておいて
好きなときに切って焼ける手軽さもうれしい。

材料（直径5cm・約32枚分）	使う道具	準備
バター（食塩不使用）……… 100g 砂糖 ……………………… 100g 卵 …………………… 1個分（50g） 薄力粉 …………………… 200g	・粉ふるい　　・めん棒 ・オーブンシート　・バット ・ボウル　　　・包丁 ・ゴムベラ　　・まな板 ・泡立て器　　・網 ・ラップ	① バターと卵は室温にもどす。 ② 卵は溶いておく。 ③ 薄力粉はふるう。 ④ 天板にオーブンシートを敷く。

● 作り方

1 生地を作る

ボウルにバターを入れてゴムベラで
やわらかくし、砂糖を加えてなじむ
までずり混ぜる。

2 バターと砂糖を混ぜる

泡立て器に持ち替え、バターと砂
糖が白っぽくなるまですり混ぜる。

3 卵を加える

溶きほぐした卵を2～3回に分けて
加え、その都度よくすり混ぜる。

4 薄力粉を加える

ふるった薄力粉を加え、ゴムベラで
さっくりと切るように混ぜ合わせる。

> 練るとグルテン（粘り成分）が多く
> なって生地がしまり、歯ざわりが悪
> くなってしまいます。

5 生地をなじませる

生地がまとまってきたらゴムベラで
ボウルに押しつけるようにしてなじ
ませる。

6 生地を休ませる

ラップで包み、手である程度平らに
したらめん棒で薄くのばしてバット
などにのせ、冷蔵庫で1時間以上休
ませる。

> 生地を冷やし固めて成型しやすく
> するために行います。

7 生地を円柱状にする

生地を半分に切り、ひとつはラップで包み、もうひとつの生地を成型するあいだ、冷蔵庫に入れる。

もうひとつの生地は転がして、直径4cmくらいの円柱状にする。

手を左右に開くように生地を転がすときれいな円柱になります。時々左右の端を手で押さえて整えましょう。

8 生地を冷凍する

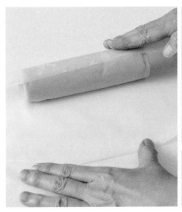

オーブンシートで包み、ラップをして冷凍庫で1時間以上冷やし固める。冷蔵庫に入れた生地も同様にする。

この状態で冷凍保存できます。

9 生地を切る
🔲 150度に予熱する

10 焼く

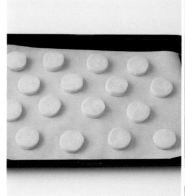

オーブンは150度に予熱する。生地を冷凍庫から出し、包丁で1cm厚さに切る。天板にのらない生地は再び冷凍庫に入れておく。

オーブンシートを敷いた天板に並べ、予熱したオーブンで約20分焼く。

> 冷凍保存していた生地は、力を入れてようやく切れる固さになるまで室温においてから切ります。これは、すべてのアイスボックスクッキーに共通です。

11 冷ます

焼けたら網の上で冷ます。

ヒント!
生地はきちんと冷凍保存すれば1か月程度は持ちますので、生地だけ作っておいて、お好きなタイミングで焼くこともできます。

チェッカー
アイスボックスクッキー

柄ものも簡単に作れるのがアイスボックスクッキーのよいところ。
シンプルなチェック柄がかわいいので、
ラッピングしてプレゼントにしてもおすすめです。

材料（4×3.5cm・約30枚分）

バター（食塩不使用）	【プレーン生地】
……………… 100g	薄力粉 ……… 100g
砂糖 ………… 100g	
卵 …… 1個分（50g）	【ココア生地】
打ち粉（強力粉）	薄力粉 ………… 90g
……………… 適量	ココアパウダー
卵白 ………… 適量	……………… 10g

使う道具

- 粉ふるい ・ゴムベラ ・バット ・刷毛
- オーブンシート ・泡立て器 ・めん棒 ・包丁
- ボウル ・ラップ ・定規 ・まな板
- 網

準備

① バターと卵は室温にもどす。
② 卵は溶いておく。
③ プレーン生地用の薄力粉はふるう。
④ ココア生地用の薄力粉とココアパウダーは合わせてふるう。
⑤ 天板にオーブンシートを敷く。

● 作り方

1 生地を作る

ボウルにバターを入れてゴムベラでやわらかくし、砂糖を加えてなじむまですり混ぜる。

2 バターと砂糖を混ぜる

泡立て器に持ち替え、バターと砂糖が白っぽくなるまですり混ぜる。

3 卵を加える

溶きほぐした卵を2〜3回に分けて加え、その都度よくすり混ぜる。

4 生地を2つに分ける・粉類を加える

生地は重さをはかって2等分し、それぞれボウルに入れる。ひとつのボウルはふるった薄力粉、もうひとつのボウルは合わせてふるった薄力粉とココアパウダーを加え、それぞれゴムベラで混ぜる。

5 生地をまとめる

生地がまとまってきたらゴムベラでボウルに押しつけるようにしてなじませる。

6 生地を休ませる

それぞれラップで包み、手である程度平らにしたらめん棒で薄くのばしてバットなどにのせ、冷蔵庫で1時間以上休ませる。

7 生地をのばす（P27も参照）

ラップをはずして打ち粉をふった台にのせ、それぞれひとまとめにしてからめん棒で1.5cm厚さの8×15cmにのばし、ラップに包んで冷蔵庫で30分冷やす。

定規ではかりながら生地の大きさを整えましょう。

8 2つの生地を重ねる（P15も参照）

ラップをはずし、一方の面に刷毛で卵白を塗ってもう一方の生地を重ね、ラップで包んで冷蔵庫で1時間ほど休ませる。

9 生地を成型する

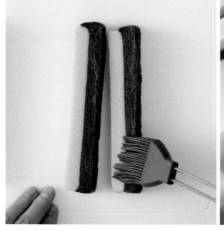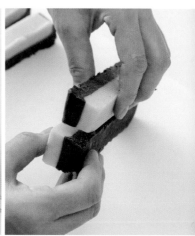

ラップをはずして8cmの辺の両端を薄く切り落とし、形を整えたら4等分に切り、2本1組にして市松模様になるように組み合わせ、くっつける面に刷毛で卵白を塗ってつける。もう1セットも同様にくっつける。ラップで包んで冷凍庫で冷やし固める。

力を入れてようやく切れる固さになるまで冷やしましょう。

10 🔲 150度に予熱する
生地を切る

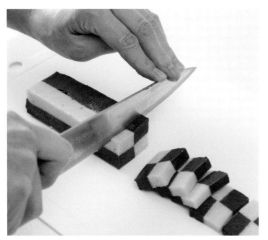

オーブンを150度に予熱する。生地を1本冷凍庫から出してラップをはずし、包丁で6〜7mm厚さに切る。天板にのらない生地は再び冷凍庫に入れておく。

11 焼く

用意した天板に並べ、予熱したオーブンで約20分焼く。

12 冷ます

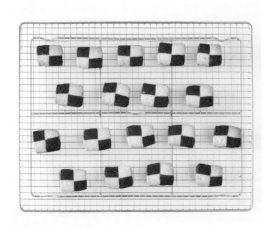

焼けたら網の上で冷ます。もう1本の生地も同様に切って焼く。

ヒント！

もう1本も同様に焼いてもいいですし、ラップごと保存袋に入れれば1か月ほど冷凍保存できます。その場合、冷凍庫から出してようやく切れる固さになるまで室温または冷蔵庫に置いてから切ってください。

抹茶のうずまきクッキー

かわいくて、ちょっぴりまぬけなうずまき模様。
生地を巻くときは、中に空気が入らないようにしっかりと巻くことで
美しいうずまきの形にすることができますよ。

材料（直径６cm・約20枚分）

バター ……… 100g
砂糖 ……… 100g
卵 … 1個分（50g）
打ち粉（強力粉）
　……… 適量
卵白 ……… 適量

【プレーン生地】
薄力粉 ……… 100g

【抹茶生地】
薄力粉 ……… 90g
抹茶 ……… 10g

使う道具

・粉ふるい
・オーブンシート
・ボウル

・ゴムベラ
・泡立て器
・ラップ

・めん棒
・バット
・定規
・ペーパータオル

・刷毛
・包丁
・まな板
・網

準備

① バターと卵は室温にもどす。
② 卵は溶いておく。
③ プレーン生地用の薄力粉はふるう。
④ 抹茶生地用の薄力粉と抹茶は合わせてふるう。
⑤ 天板にオーブンシートを敷く。

● 作り方

1 生地を作る

ボウルにバターと砂糖を入れ、ゴムベラでなじむまですり混ぜる。

2 バターと砂糖を混ぜる

泡立て器に持ち替え、バターと砂糖が白っぽくなるまですり混ぜる。

3 卵を加える

溶きほぐした卵を２〜３回に分けて加え、その都度よくすり混ぜる。

4 生地を２つに分ける・粉類を加える

生地は重さをはかって２等分し、それぞれ別のボウルに入れる。ひとつのボウルはふるった薄力粉、もうひとつのボウルは合わせてふるった薄力粉と抹茶を加え、それぞれゴムベラで混ぜる。

5 生地をまとめる

生地がまとまってきたらゴムベラでボウルに押しつけるようにしてなじませる。

75

6 生地を休ませる

それぞれラップで包み、手である程度平らにしたらめん棒で薄くのばしてバットなどにのせ、冷蔵庫で1時間以上休ませる。

7 プレーン生地をのばす（P27も参照）

プレーン生地のラップをはずして打ち粉をふった台にのせ、ひとまとめにしてからめん棒で20×20cmにのばす。ラップを敷いたバットにのせて生地をラップで包み、冷蔵庫で30分ほど休ませる。

> 定規ではかりながら生地の大きさを整えましょう。8も同様です。

8 抹茶生地をのばす（P27も参照）

抹茶生地のラップをはずして打ち粉をふった台にのせ、ひとまとめにしてからめん棒で20×18cmにのばす。同じように冷蔵庫で30分ほど休ませる。

9 2つの生地を重ねる（P15も参照）

水で濡らして固く絞ったペーパータオルを広げ、その上にオーブンシートを置く。その上に7のプレーン生地をラップをはずしてのせる。卵白を薄く刷毛で塗り、その上に上下1cmをあけて8の抹茶生地を重ね、卵白を薄く塗る。

10 生地を巻く

巻きはじめの生地が芯になるように折りこみ、空気が入らないようにオーブンシートを持ち上げながら巻いていく。

11 生地の形を整える

空気が入らないようにくるくると巻き、上のオーブンシートを引きながら形を整える。

12 生地を冷凍する

巻き終わりが下になるようにオーブンシートで生地を包み、ラップで包んで冷凍庫で冷やし固める。

> 力を入れてようやく切れる固さになるまで、2～3時間程度冷やしましょう。

13 生地を切る

🔲 150度に予熱する

オーブンを150度に予熱する。生地を冷凍庫から出してラップとオーブンシートをはずし、包丁で7～8mm厚さに切る。天板にのらない生地は再び冷凍庫に入れておく。

14 焼く

用意した天板に並べ、予熱したオーブンで約20分焼く。

15 冷ます

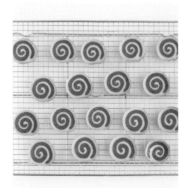

焼けたら網の上で冷ます。

ヒント!

残った生地は同様に焼いてもいいですし、ラップごと保存袋に入れれば1か月ほど冷凍保存可能です。その場合、冷凍庫から出してようやく切れる固さになるまで室温または冷蔵庫においてから切ってください。

シンプルでおいしい！

サブレ

材料はとってもシンプル。
バターがたっぷり入っているから、リッチな味わいが楽しめます。
おやつにはもちろん、ティータイムのおともにも。

材料（4cm花型・48個分）

バター（食塩不使用）……… 75g
粉砂糖 ………………………… 50g
卵黄 ……………… 1個分（20g）
塩 …………… ひとつまみ（1g）
薄力粉 …………………………… 120g
打ち粉（強力粉）………… 適量

使う道具

・粉ふるい
・オーブンシート
・ボウル
・ゴムベラ
・泡立て器
・ラップ
・めん棒
・バット
・クッキー型
・カード
・網

準備

① バターは室温にもどす。
② 薄力粉はふるう。
③ 天板にオーブンシートを敷く。

● 作り方

クッキー／サブレ

1 生地を作る

ボウルにバターを入れてゴムベラで
やわらかくし、粉砂糖を加えてなじ
むまですり混ぜる。泡立て器に持ち
替え、バターと砂糖が白っぽくなる
まですり混ぜる。卵黄と塩を加えて
すり混ぜる。

2 薄力粉を加える

ふるった薄力粉を加え、ゴムベラで
さっくりと切るように混ぜる。

> 練るとグルテン（粘り成分）が多く
> なって生地がしまり、歯ざわりが悪
> くなってしまいます。

3 生地をまとめる

生地がまとまってきたらゴムベラで
ボウルに押しつけるようにしてなじ
ませる。

> 写真くらいの状態が目安です。

4 生地を休ませる

ラップで包み、手である程度平らに
したらめん棒で薄くのばしてバット
などにのせ、冷蔵庫で1時間以上休
ませる。

> 生地を冷やし固めて成型しやすく
> するために行います。サブレはバ
> ターが多いので時間は長めに。で
> きれば一晩冷やしましょう。

5 🔲 150度に予熱する
生地をまとめる

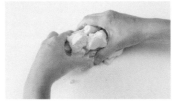

オーブンを150度に予熱し、台の
上に打ち粉を広げるようにふる。冷
蔵庫から生地を出し、出したばかり
の生地は固いため、手のひらで押し
てほぐしながらひとまとめにする。

> 打ち粉はできるだけ生地に混ざら
> ないよう、広げるようにふってください。

6 生地をのばす
（P27 も参照）

生地を5mm厚さにのばす。

> 生地がべたついて扱いづらい場合
> は、その都度冷蔵庫で冷やしてか
> ら作業してください。

7 型を抜く
（P28 も参照）

型に打ち粉をつけながら生地を抜
き、天板に並べる。残った生地は
集めてひとまとめにし、6〜7の作
業を繰り返す。

8 焼く

予熱したオーブンで約20分焼く。

ヒント！

型抜きクッキーよりもバター多めの生地でべたつきやすいため、型を抜
いたらカードではがしながら天板に並べてください。

9 冷ます

焼けたら網の上で冷ます。

サクサク食感！

ショートブレッド

長方形で、上に小さな穴がある形が定番の
ショートブレッドはスコットランド発祥のお菓子。
紅茶と相性ぴったりのサクサク、ホロホロ食感です。

材料（1.5×6cm高さ1.5cm・10個分）

バター	50g
上白糖	25g
塩	少々(0.5g)
薄力粉	75g
上新粉	10g
打ち粉(強力粉)	適量

使う道具

・粉ふるい ・ラップ ・包丁
・オーブンシート ・めん棒 ・まな板
・ボウル ・バット ・竹串
・ゴムベラ ・カード ・網
・泡立て器 ・定規

準備

① バターは室温にもどす。
② 薄力粉と上新粉は合わせてふるっておく。
③ 天板にオーブンシートを敷く。

● 作り方

1 生地を作る

ボウルにバターを入れてゴムベラでやわらかくし、上白糖と塩を加えてなじむまですり混ぜる。

2 バター・上白糖・塩を混ぜる

泡立て器に持ち替え、白っぽくなるまですり混ぜる。

3 粉類を加える・生地をまとめる

合わせてふるった粉類を加え、ゴムベラで混ぜ合わせる。はじめはさっくりと切るように混ぜ、ぼろぼろした状態になったらゴムベラを押しつけるようにして生地をまとめる。

> 粉類に対してバターの量が少なくまとまりづらいので、押しつけるようにしてまとめます。

4 生地を休ませる

ラップで包み、手である程度平らにしたら薄くのばしてバットなどにのせ、冷蔵庫で1時間以上休ませる。

5 生地をこねる

🖥 120度に予熱する

オーブンを120度に予熱する。台の上に打ち粉を広げるようにふる。冷蔵庫から生地を取り出し、少しこねてなめらかにする。

6 生地をのばす（P27も参照）

生地をひとまとめにしてラップに包み、カードとめん棒を使いながら6×15cmになるようにまとめる（ぼろぼろした生地なのでラップに包んで成型する）。

定規ではかりながら生地の大きさを整えましょう。

7 生地を切る

長い辺を1.5cm幅に切る。

8 生地に模様をつける

竹串で模様をつけて天板に並べる。

9 焼く

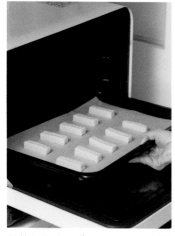

予熱したオーブンで40〜50分焼く。

10 冷ます

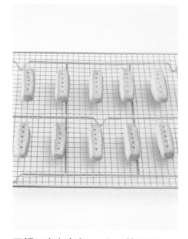

天板のまま冷まし、あら熱が取れたら網の上で冷ます。

ヒント！

卵を使わずシンプルな材料で作るショートブレッド。砂糖は水分が多い上白糖を使うことでしっとりした口当たりになります。また、うるち米から作られる上新粉を入れることでホロッとした食感になります。上新粉は薄力粉で代用できますが、ホロホロした食感は少なくなります。

BASIC

コーヒーと一緒に！

ビスコッティ

イタリアで古くから親しまれている焼き菓子で、
「二度焼き」を意味するビスコッティ。
ガリッとした食感と香ばしいナッツがコーヒーによく合います。

84

材料（5×3cm・18個分）

薄力粉 ………………… 100g
ベーキングパウダー
　………… 小さじ1/4(1g)
砂糖 …………………… 50g
卵 ……………… 1個分（50g）
牛乳 ………………… 小さじ1
アーモンドホール ……… 50g
ピスタチオ …………… 10g
打ち粉（強力粉）………… 適量

使う道具

・粉ふるい　　　・ラップ　　　・まな板
・オーブンシート　・めん棒　　　・網
・ボウル　　　　・バット
・ゴムベラ　　　・包丁

準備

① 薄力粉、ベーキングパウダー、砂糖はあわせてからふるう。
② 卵は溶いておく。
③ 天板にオーブンシートを敷く。

● 作り方

1 生地を作る

ボウルに合わせてふるった粉類を
入れ、ゴムベラで中央をあける。

2 卵と牛乳を加える

あけたところに溶いた卵と牛乳を加え、ゴムベラで周りの粉を崩すようにし
て卵液と合わせる。

3 ナッツ類を加える

全体に粉が混ざったら、アーモンドとピスタチオを加
えてざっくりと混ぜ合わせる。

4 生地を混ぜる

粉っぽさがなくなったら、ゴムベラでボウルに押しつ
けるようにしてよく混ぜる。

5 生地を休ませる

生地にまとまりが出てきたらひとまとめにし、ラップで包み、手である程度平らにしたらめん棒で薄くのばしてバットなどにのせ、冷蔵庫で1時間休ませる。

6 生地を成型する
🔲 180度に予熱する

オーブンを180度に予熱する。台の上に打ち粉をふって生地を長さ20cmの棒状になるように手でのばす。

7 焼く

オーブンシートを敷いた天板に置き、予熱したオーブンで約20分焼く。

8 あら熱を取る

オーブンから取り出し、あら熱を取る。

9 生地を切る

🔲 150度に予熱する

オーブンを150度に予熱する。生
地のあら熱が取れたらまな板に移
し、包丁で1cm幅に切る。

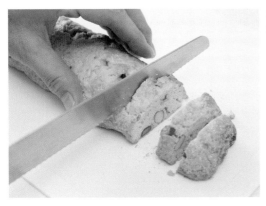

10 再び焼く

断面を上に向けて天板に並べ、予熱したオーブンで約20分焼く。

11 冷ます

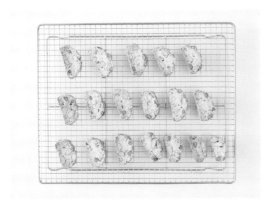

焼けたら網の上で冷ます。

ヒント！

一度焼いた生地を切るときは
普通の包丁でもいいですが、
パン切り包丁の方が切りやすく
きれいに切れるのでおすすめ
です。今回はアーモンドとピス
タチオを入れましたが、ナッツ
はお好きなものを入れてみて
ください。

メレンゲでふんわり！

ビスキュイ・ア・ラ・キュイエール

キュイエールは「スプーン」の意味。
絞り袋が普及する前、スプーンで天板に置いていたことが名前の由来で、
表面はカリッと、中はふっくらした食感が特徴です。

材料（約10cm長さ・15本分）		使う道具

卵黄 ……………………… 1個分（20g）
砂糖① …………………………… 10g
砂糖② …………………………… 20g
卵白 ……………………… 1個分（30g）
薄力粉 …………………………… 30g

【まぶす用】
粉砂糖 ………………………… 適量

使う道具

・オーブンシート　・粉ふるい　・ゴムベラ
・絞り袋　　　　　・ボウル　　・ハンドミキサー
・丸口金（1.2cm）　・泡立て器　・茶こし
　　　　　　　　　　　　　　　・網

準備

① オーブンシートに下絵（8cm間隔の線を2組）を描いて天板にのせ、その上に別のオーブンシートをのせる。
② 絞り袋に丸口金（1.2cm）をセットしておく。
③ 薄力粉はふるう。
④ ボウル（油気や水気のついていないもの）に卵白を入れ、冷蔵庫で冷やしておく。

● 作り方

1 生地を作る

ボウルに卵黄を入れ、泡立て器でほぐす。

2 砂糖を加える

砂糖①を加え、泡立て器で円を描くように動かしてすり混ぜる。

3 ボウルの側面をきれいにする

もったりとして白っぽくなったら、ゴムベラでボウルの側面をきれいにしておく。

> ボウルの側面に生地が残っていると乾いて固まってしまうためです。

4 🔲 180度に予熱する
メレンゲを作る（P25も参照）

1回目

2回目

3回目

オーブンを180度に予熱する。冷蔵庫で冷やしておいた卵白のボウルを取り出し、ボウルをななめに傾け、ハンドミキサーで泡立てながら砂糖②を3回に分けて加える。つやのあるしっかりしたメレンゲを作る。

> これくらいの固さが目安です。

> 砂糖を入れるタイミングの目安は、全体が泡になったら1回目、高速に切り替えて泡が細かくなるまで泡立てたら2回目、泡が固めになったら3回目です。メレンゲの立て方が足りないと、生地を混ぜていくうちにだれてしまって形よく焼けません。

5 生地とメレンゲを合わせる

3のボウルに4のメレンゲをひとすくい加えてゴムベラでさっくりと混ぜ、混ざったら3の生地をすべて4のボウルに加えて同じように混ぜる。

> 4の泡がつぶれないうちに手早く3の生地と合わせましょう。

6 薄力粉を加える

白い筋がまだ少し残っているうちに、全体にかかるようにふるった薄力粉を一度に加え、ゴムベラで中心から生地をひっくり返すようにして混ぜる。

> 混ぜるのは粉気がなくなれば十分です。混ぜすぎると泡がつぶれて、焼き上がりが固くなってしまいます。

7 生地を絞り出す

生地を丸口金をつけた絞り袋に入れ、準備しておいた天板の下絵の線のあいだへななめに絞り出す。

> 均一な太さになるように絞りましょう。

8 粉砂糖をふる

生地の上に茶こしでたっぷりと粉砂糖をふる。粉砂糖が生地に吸われて見えなくなったら、再びたっぷりと粉砂糖をふる。

9 焼く

予熱したオーブンで8〜10分焼く。

> ごく薄いきつね色になったら焼き上がりです。

10 冷ます

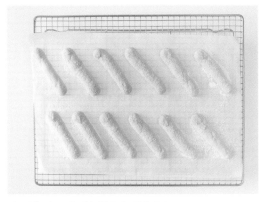

オーブンシートごと網の上で冷ます。

11 生地をオーブンシートからはがす

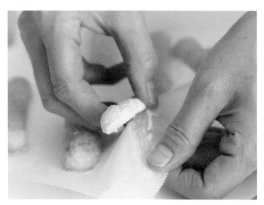

冷めたらシートからはがす。

> 壊れやすい生地のため、ゆっくり丁寧にはがしてください。

ヒント!

メレンゲの泡がつぶれないうちに生地を焼くことでふんわりとした食感になるので、手早く調理しましょう。
生地を焼く前にたっぷり粉砂糖をふるのは、焼き上がりの生地表面にペルレという溶けた砂糖が水滴状になったものを作るためです。

BASIC

見た目もかわいい！

ラングドシャ

細長い形から「猫の舌」という意味がついたラングドシャ。
軽やかな歯ごたえが楽しい薄焼きクッキーです。
チョコクリームなどをはさんでもおいしいですよ。

材料（2.5×8cm・約20個分）	使う道具		
バター（食塩不使用）………… 60g	・粉ふるい	・ボウル	・フライ返し
粉砂糖 ………………………… 60g	・絞り袋	・ゴムベラ	・網
卵白 ……………… 約2個分（60g）	・丸口金（1cm）	・泡立て器	
薄力粉 ………………………… 60g	・オーブンシート	・ラップ	

準備

① バターと卵白はそれぞれ室温にもどす。
② 卵白は溶いておく。
③ 粉砂糖と薄力粉はそれぞれふるう。
④ 絞り袋に丸口金（1cm）をセットする。
⑤ オーブンシートに下絵（8cm間隔の線を2組）を
　描いて天板にのせ、その上に別のオーブンシートをのせる。

● 作り方

1 生地を作る

ボウルにバターを入れてゴムベラでやわらかくし、ふるった粉砂糖を加え、なじむまですり混ぜる。

2 バターと粉砂糖を混ぜる

泡立て器に持ち替えて、バターと粉
砂糖をすり混ぜる。

材料が混ざっていればよいです。

3 卵白を加える

溶きほぐした卵白を4～5回に分けて加え、その都度よくすり混ぜる。

4 薄力粉を加える

ふるった薄力粉を加えて混ぜる。材料が混ざっていればよい。

5 生地を休ませる

ボウルにラップをして冷蔵庫で30分以上休ませる。

冷蔵庫で2～3日は保存可能です。

6 生地を絞り出す（P26も参照）

190度に予熱する

オーブンを190度に予熱する。生地を丸口金をつけた絞り袋に入れ、準備しておいた天板の下絵の線のあいだへ7cmほどの長さに絞り出す。

7 焼く

予熱したオーブンで8〜12分焼く。生地のまわりが淡いきつね色で、中が白い状態になったら焼き上がり。

> 焼きムラがある場合は焼けているものから取り出していきます。

8 冷ます

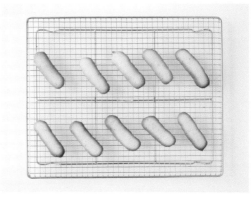

オーブンシートからフライ返しなどではずして網の上で冷ます。生地が残っている場合は同じようにして焼く。その際、天板は都度流水などで冷ましてから使う。

> 天板が熱くなっていると生地を絞り出したときにすぐに溶けてきてしまいます。湿気を吸いやすいため、冷めたら密閉容器に入れて保存してください。

ヒント！

生地が固い方が絞り出しやすいため、冷蔵庫でしっかり休ませましょう。

BASIC

カーブがポイント！
チュイル

アーモンドの香りが楽しめる薄くてサクサクのクッキー。
焼けたらすぐに形を作りましょう。
フランスの屋根瓦に使ったタイルが名前の由来です。

材料（6cm大・約24枚分）
バター（食塩不使用） ………… 25g
砂糖 ……………………………… 50g
薄力粉 …………………………… 30g
卵白 …………… 約2個分（60g）
アーモンドスライス ………… 50g

使う道具

- 粉ふるい
- オーブンシート
- 耐熱容器
- ラップ
- ボウル
- 泡立て器
- ゴムベラ
- スプーン
- フライ返し
- 軍手
- めん棒
- 網

準備

① 薄力粉はふるう。
② 天板にオーブンシートを敷く。

● 作り方

1 バターを溶かす

バターは耐熱容器に入れ、ラップをして電子レンジ（600W）で60秒加熱して溶かす。

2 生地を作る

ボウルに砂糖とふるった薄力粉を入れて泡立て器で混ぜる。中央をあけて卵白を加え、泡立て器で円を描くようにぐるぐる混ぜる。

> 中央をあけるのは卵白と混ざりやすくするためです。

3 バターを加える

溶かしたバターを加えてさらに混ぜる。

> 全体が混ざればよいです。

4 アーモンドスライスを加える

アーモンドスライスを加え、ゴムベラで混ぜる。

5 生地を休ませる

ラップをかけて冷蔵庫で30分以上休ませる。

6 生地を天板におく
🔲 180度に予熱する

オーブンを180度に予熱する。オーブンシートを敷いた天板に、生地をスプーンなどで大さじ1くらいずつ間隔をあけながら置いてのばす。

7 焼く

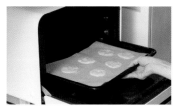

予熱したオーブンで10〜12分焼く。

> 周囲にうっすらと色がついたら焼き上がりです。

8 生地にカーブをつける

焼けたらすぐに軍手をはめて、天板から生地を1枚ずつフライ返しなどではずしてめん棒の上にのせ、少し手で押さえつけるようにして生地にカーブをつけていく。

> 生地が冷めると固くなって曲がらなくなるため、手早く行います。やけどに気をつけること。

9 冷ます

網にのせて冷ます。残りの生地も同様にする。

> 湿気を吸いやすいため、冷めたら密閉容器に入れて保存してください。

BASIC

ナッツがざくざく！

クロッカン

フランス語で「カリカリとした」という意味のクロッカン。
焼き立てはやわらかいのでオーブンシートのまま冷ましてカリッとさせましょう。
アイスクリームなどのおともにしてもおいしいです。

材料（5cm大・20個分）

ミックスナッツ（アーモンド、
　　ヘーゼルナッツ、くるみなど）
　　……………………… 100g
卵白 ……………… 1個分（30g）
粉砂糖 ……………………… 80g

使う道具

・オーブンシート　・ラップ
・包丁　　　　　　・スプーン
・まな板　　　　　・網
・ボウル
・泡立て器
・ゴムベラ

準備

① 天板にオーブンシートを敷く。
② ナッツがローストずみでない場合は
　オーブンを150度に予熱する。

1 ナッツを乾炒りする

ナッツがローストずみでない場合は、予熱した150度のオーブンで10分ほど乾炒りする。

2 ナッツを切る

ナッツをざく切りにする。アーモンドの場合は1粒を3等分くらいにし、他はアーモンドとそろえる。

3 生地を作る

ボウルに卵白と粉砂糖を入れ、泡立て器で円を描くように混ぜる。

> 目安はなめらかになるまでです。

4 ナッツを加える

2のナッツを加えてゴムベラで混ぜ、生地を絡める。

5 ◻ 170度に予熱する
生地を休ませる

生地を10分ほど室温で休ませる。オーブンを170度に予熱する。

> 生地を休ませるのは、すぐに焼くと破裂しやすくなるためです。

6 生地を天板におく

オーブンシートを敷いた天板にスプーンで大さじ1弱ずつ生地を置く。

> 焼いているうちに広がるため、5cmほど間隔をあけておきましょう。

7 焼く

予熱したオーブンで15〜20分焼く。

> しっかり焼いた方が、生地がカラメル化してこわれにくくなります。

8 冷ます

オーブンシートごと網にのせて冷ます。残りの生地も同様に焼く。

> 湿気を吸いやすいため、冷めたら密閉容器に入れて保存してください。

ヒント！

生地に入れるナッツは食感がよいアーモンドやヘーゼルナッツ、くるみなどがおすすめですが、お好きなものに替えてもよいです。

香ばしいおいしさ！

フロランタン

カリっとしたキャラメリゼの香ばしさと
サクサクの生地がたまらないフロランタン。
コーヒーにも紅茶にも合う、定番のお菓子です。

材料（2.5×7cm・16個分）

【生地】
バター（食塩不使用）………… 50g
粉砂糖 ……………………… 40g
卵 ……………… 1/2個分（25g）
薄力粉 …………………… 120g
打ち粉（強力粉）…………… 適量

【アパレイユ】
バター（食塩不使用）………… 25g
砂糖 ……………………… 30g
はちみつ ………………… 15g
生クリーム ……………… 25ml
アーモンドスライス ………… 50g

使う道具

・粉ふるい
・オーブンシート
・ボウル
・ゴムベラ
・泡立て器
・ラップ
・めん棒
・バット
・定規
・フォーク
・アルミ箔
・小鍋
・網
・包丁
・まな板

準備

① 生地用のバターと卵は室温にもどす。
② 卵は溶いておく。
③ 薄力粉はふるう。
④ 天板にオーブンシートを敷く。

● 作り方

1 生地を作る

ボウルにバターと粉砂糖を入れ、ゴムベラでなじむまですり混ぜる。

2 バターと粉砂糖を混ぜる

泡立て器に持ち替え、バターと粉砂糖が白っぽくなるまですり混ぜる。

3 卵を加える

溶きほぐした卵を2〜3回に分けて加え、その都度よくすり混ぜる。

4 薄力粉を加える

ふるった薄力粉を加え、ゴムベラでさっくりと切るように混ぜ合わせる。

> 練るとグルテン（粘り成分）が多くなって生地がしまり、歯ざわりが悪くなってしまいます。

5 生地をまとめる

生地がまとまってきたらゴムベラでボウルに押しつけるようにしてなじませる。

6 生地を休ませる

ラップで包み、手である程度平らにしたらめん棒で薄くのばしてバットなどにのせ、冷蔵庫で30分以上休ませる。

> 生地を冷やし固めて成型しやすくするために行います。

7 生地をのばす
🔲 180度に予熱する

オーブンを180度に予熱する。打ち粉をふった台の上に冷蔵庫から生地を取り出し、少しこねてなめらかにしたら生地を6〜7mm厚さの15×20cmにのばす。

定規ではかりながら生地の大きさを整えましょう。

8 生地に穴をあける・焼く

生地にフォークなどで小さい穴をランダムにあけて、予熱したオーブンで約20分焼く。

7〜8割方焼き色がつけばよいです。

9 土手を作る

あら熱が取れたらアルミ箔で下から包む。立ち上がりはアルミ箔を折って2〜3重にして、生地に沿ってフチを作る。

アパレイユ（液体状の生地）が流れるので、しっかりと土手を作ります。

10 アパレイユを作る
🔲 180度に予熱する

オーブンを180度に予熱する。小鍋にバター、砂糖、はちみつ、生クリームを入れて火にかける。

はちみつは砂糖の上に入れてはかると、容器につかずに無駄なく使えます。

11 アパレイユを煮詰める

中火くらいで焦げないように絶えず混ぜながら、ふつふつとして少し濃度がつくまで煮詰める。

小鍋の温度は112度が目安です。濃度をつけすぎると生地の上でのばしにくくなるので注意しましょう。

12 アーモンドスライスを加える

薄く色がついたら火を止めて、アーモンドスライスを加えて手早く混ぜ合わせる。

13 アパレイユを生地の上に流す

混ざったら9の生地の上に流し入れ、厚みが均一になるように平らにのばす。

14 焼く

予熱したオーブンで約15分、全体が濃い茶色になるまで焼く。

15 冷ます

アルミ箔ごと網の上であら熱が取れるまで冷ます。

あら熱が取れた状態とは、ほんのり温かさが残っている状態のことです。完全に冷めてしまうとキャラメルが固くなり、切りにくくなったりキャラメルが割れてしまうので注意してください。

16 切る

アルミ箔をはがして生地をまな板にひっくり返し、上下2等分、左右8等分の計16個に包丁で切り分ける。

表面から切るとクッキー生地が割れやすくなるため、必ず裏側から切りましょう。

17 さらに冷ます

網の上にのせて冷ます。

ヒント！

8のように生地にフォークなどで小さい穴をあけることをピケといいます。ピケをすることで、焼いたときに生地が部分的に膨らむことを防ぎます。

焼き菓子に合うソース 3 種

クッキーのあいだにはさんだり、シフォンケーキなどに添えて楽しめるソースのレシピをご紹介。
キャラメルソースやチョコレートソースは市販のものを買わなくても手作りできます。
今回はマンゴーソースですが、お好きな果物で作ってもおいしいです。

Ⓐ キャラメルソース

材料（出来上がり量　80g）

砂糖 ························· 50g
水 ························· 小さじ1
生クリーム ··········· 50ml

● 作り方

1　小鍋に砂糖と水を入れて火にかけ、小鍋をゆすりながら全体がキャラメル色になるまで加熱する。

2　いったん火からおろし、生クリームをゴムベラでうけながら少しずつ加えて混ぜ合わせる。キャラメルが固まっているところがあったら再び火にかけて溶かす。

Ⓑ マンゴーソース

材料（出来上がり量　50g）

マンゴー
（生、缶詰、冷凍なんでもOK）··············· 50g
砂糖 ································· 適量
レモン汁 ······························ 適量

● 作り方

1　マンゴーはひと口大に切ってミキサーにかけ、なめらかにする。

2　味を見て、砂糖とレモン汁を加えて混ぜる。ミキサーがない時は包丁で細かく切って叩く。

Ⓒ チョコレートソース

材料（出来上がり量　50g）

チョコレート ···························· 50g
水 ······························ 大さじ1

● 作り方

1　チョコレートを刻んで耐熱容器に入れ、水を加えてラップをして電子レンジ（600W）で30秒加熱し、すぐに取り出して混ぜながら溶かす。

第 **3** 章

手作りを楽しむ

毎日の
おやつ

小さい焼き菓子のレシピたちは
コーヒーや紅茶と相性がよく、
毎日のおやつや軽食にぴったり。
アレンジレシピも簡単なのに
おいしくて見た目もかわいいものばかりです。

ティータイムのおともに！

スコーン

今回はベーシックな丸型にしましたが、包丁で四角く切っても。
なんと言っても焼き立てがおいしい！
ぜひクリームやジャムをたっぷりつけて召し上がってください。

直径6cm・6個分	
薄力粉 ························· 200g	卵 ····················· 1個分（50g）
ベーキングパウダー	牛乳 ······················· 25ml
················· 小さじ2（8g）	打ち粉（強力粉）··············· 適量
塩 ················· ひとつまみ（1g）	
バター（食塩不使用）········· 50g	【塗る用】
砂糖 ······················· 25g	牛乳 ····························· 適量

使う道具	
・粉ふるい	・めん棒
・ボウル	・丸い抜き型
・ラップ	・刷毛
・オーブンシート	・網
・ゴムベラ	
・カード	

準備

① 薄力粉、ベーキングパウダー、塩を合わせてふるい、ボウルに入れる。
② バターは1cm角に切り、粉類の入っているボウルに入れ、ラップをして冷蔵庫で冷やしておく。
③ 卵は溶きほぐして牛乳と混ぜ合わせ、冷蔵庫で冷やしておく。
④ 天板にオーブンシートを敷く。

● 作り方 ─────────────────────────────

1 生地を作る

冷蔵庫で冷やしておいた粉類などのボウルを取り出し、指の先を使ってバターに粉をまぶしながら細かくちぎる。

2 生地をすり合わせる

バターが小豆くらいの大きさになったら両手のひらで軽くすり合わせながら混ぜる。

> バターが溶けないように手早く行います。

3 砂糖を加える

全体がさらさらのパン粉状態になったら、砂糖を加えてサッと混ぜる。

107

4 卵液を加える

冷蔵庫で冷やしておいた卵液を表面にいきわたるように加え、ゴムベラでひとかたまりになるように手早く混ぜる。

5 🍞 190度に予熱する
生地をこねる

オーブンを190度に予熱する。台の上に打ち粉を広げるようにふる。生地を軽くまとめたら平らにしてカードで半分に割り、生地を重ねて上から押さえる。これを何度か繰り返す。

> 生地がやわらかくなってしまった場合は、ラップをかけて冷蔵庫で冷やします。生地を半分に割って重ねることで、焼いたときに側面に「腹割れ」という割れ目ができます。

6 生地をのばす（P27 も参照）

めん棒で1.5cmの厚さくらいにのばす。

7 型を抜く（P28 も参照）

打ち粉をつけた直径6cmの丸い抜き型で抜く。残った生地はまとめなおし、同じ作業を繰り返す。

> 残った生地はどんどん打ち粉の分量が増えていくので、できるだけ少ない回数で抜き終わるようにします。

8 牛乳を塗る（P15 も参照）

天板に並べて上面に牛乳を刷毛で塗る。

9 焼く

予熱したオーブンで約20分、膨らんできつね色になるまで焼く。

10 冷ます

網の上で冷ます。

> 冷まさずに、温かいうちに食べてもおいしいです。クロテッドクリームやジャムをつけるのがおすすめです。

ヒント！

「準備」でボウルを冷蔵庫で冷やすときは、バターが固くなりすぎないように気をつけましょう。

109

レーズンスコーン

レーズンがよいアクセントになっているレーズンスコーンは
おやつやティータイムにぴったり。
ぜひ焼き立てを食べてみてください。

材料（直径6cm・6個分）

薄力粉	200g
ベーキングパウダー	小さじ2（8g）
塩	ひとつまみ（1g）
バター（食塩不使用）	50g
卵	1個分（50g）
牛乳	25ml
レーズン	30g
砂糖	25g
打ち粉（強力粉）	適量

【塗る用】

牛乳	適量

使う道具

- 粉ふるい
- ボウル
- オーブンシート
- ザル
- キッチンペーパー
- ゴムベラ
- めん棒
- 丸い抜き型
- 刷毛
- 網

準備

① 薄力粉、ベーキングパウダー、塩を混ぜ合わせてふるい、ボウルに入れる。
② バターは1cm角に切り、粉類の入っているボウルに入れ、冷蔵庫で冷やしておく。
③ 卵は溶きほぐして牛乳と混ぜ合わせ、冷蔵庫で冷やしておく。
④ 天板にオーブンシートを敷く。

1 レーズンを熱湯に浸す

レーズンは熱湯に10分ほど浸してザルに上げ、キッチンペーパーで水気をとる。

2 生地を作る

冷蔵庫で冷やしておいた粉類などのボウルを取り出し、指の先を使ってバターに粉をまぶしながら細かくちぎる。

3 生地をすり合わせる

バターが小豆くらいの大きさになったら両手のひらで軽くすり合わせながら混ぜる。

4 砂糖を加える

全体がさらさらのパン粉状態になったら、砂糖を加えてサッと混ぜる。

5 卵液とレーズンを加える

冷やしておいた卵液とレーズンを表面にいきわたるように加え、ゴムベラでひとかたまりになるように手早く混ぜる。

🔲 190度に予熱する

6 生地をのばす・型を抜く
（P27・28も参照）

オーブンを190度に予熱する。台の上に打ち粉を広げるようにふり、生地を軽くこねる。めん棒で1.5cmの厚さくらいにのばす。打ち粉をつけた直径6cmの丸い抜き型で抜く。残った生地はまとめなおし、同じ作業を繰り返す。

7 牛乳を塗る
（P15も参照）

天板に並べて上面に牛乳を刷毛で塗る。

8 焼く・冷ます

予熱したオーブンで20〜25分、膨らんできつね色になるまで焼く。網の上で冷ます。

ARRANGED

チョコチャンクスコーン

生クリームを入れることでふんわりとした生地になります。
三角形が特徴の、普段のおやつにもおすすめの
簡単レシピなのでぜひ作ってみてください。

【材料（7cm大・6個）】

薄力粉	200g
ベーキングパウダー	小さじ2（8g）
塩	ひとつまみ（1g）
バター（食塩不使用）	60g
砂糖	50g
卵	1個分（50g）
生クリーム	50ml
板チョコ	1枚（50g）
打ち粉（強力粉）	適量

【塗る用】

牛乳	適量

【使う道具】

- ・粉ふるい　　・ゴムベラ　　・まな板
- ・オーブンシート　・めん棒　　・刷毛
- ・ボウル　　　・包丁　　　・網

【準備】

① 薄力粉、ベーキングパウダー、塩を混ぜ合わせてふるう。
② バターは1cm角に切り、冷蔵庫で冷やしておく。
③ 卵は溶きほぐして生クリームと混ぜ合わせ、冷蔵庫で冷やしておく。
④ 天板にオーブンシートを敷く。

●作り方

1 生地を作る

ボウルに合わせてふるった粉類と冷たいバターを入れ、指先でバターに粉をまぶしながら細かくする。

2 生地をすり合わせる

バターが小豆くらいの大きさになったら両手のひらで軽くすり合わせながら混ぜる。

> バターが溶けないように手早く行います。

3 砂糖を加える

全体がさらさらのパン粉状態になったら、砂糖を加えてサッと混ぜる。

4 卵液と板チョコを加える

冷やしておいた卵液を表面にいきわたるように加え、板チョコを割り入れてゴムベラでひとかたまりになるように手早く混ぜる。

5 生地をのばす（P27も参照）

190度に予熱する

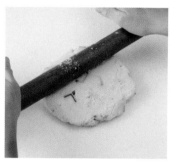

オーブンを190度に予熱する。台の上に打ち粉を広げるようにふり、生地を軽くこねる。めん棒で直径15cm大の厚さ約1cmに丸くのばす。

6 生地を切る

包丁で放射状に6等分する。

7 牛乳を塗る（P15も参照）

天板に並べて上面に牛乳を刷毛で塗る。

8 焼く・冷ます

予熱したオーブンで約20分、膨らんできつね色になるまで焼く。焼けたら網の上で冷ます。

コーヒーとナッツのスコーン

コーヒーの程よいほろ苦さと
表面はサクッと、中はふんわりとした食感が格別。
温めなおして食べるといつでも焼きたてのおいしさが楽しめます。

材料（7cm大・6個）

薄力粉	200g
ベーキングパウダー	小さじ2（8g）
塩	ひとつまみ（1g）
バター（食塩不使用）	60g
砂糖	50g
インスタントコーヒー	大さじ1（3g）
生クリーム	50ml
卵	1個分（50g）
ピーカンナッツ	50g
打ち粉（強力粉）	適量

【塗る用】

牛乳	適量

使う道具

- 粉ふるい
- オーブンシート
- めん棒
- 包丁
- ボウル
- 刷毛
- まな板
- ゴムベラ
- 網

準備

① 薄力粉、ベーキングパウダー、塩を混ぜ合わせてふるう。

② バターは1cm角に切り、冷蔵庫で冷やしておく。

③ インスタントコーヒーは小さじ1/2のお湯で溶いてペースト状にし、
生クリームを加えて溶き、溶き卵と混ぜ合わせて冷蔵庫に入れておく。

④ ピーカンナッツは乾炒りしていないものは150度のオーブンで
10分ほど乾炒りして、粗く刻む。

⑤ 天板にオーブンシートを敷く。

● 作り方

1 生地を作る

ボウルに合わせてふるった粉類と
冷やしておいたバターを入れ、指
先でバターに粉をまぶしながら細か
くする。

2 生地を すり合わせる

バターが小豆くらいの大きさになっ
たら両手のひらで軽くすり合わせな
がら混ぜる。

> バターが溶けないように手早く行
> います。

3 砂糖を加える

全体がさらさらのパン粉状態になっ
たら、砂糖を加えてサッと混ぜる。

4 ピーカンナッツと卵液を加える

冷やしておいたコーヒー入り卵液と、刻んでおいたピーカンナッツを表面にいきわたるように加え、ゴムベラでひとか
たまりになるように手早く混ぜる。

🖥 190度に予熱する

5 生地をのばす・生地を切る
（P27も参照）

オーブンを190度に予熱する。台の上に打ち粉を広
げるようにふり、生地を軽くこねる。めん棒で直径
15cm大の厚さ約1cmに丸くのばし、包丁で放射状
に6等分する。

6 牛乳を塗る
（P15も参照）

天板に並べて上面に牛乳
を刷毛で塗る。

7 焼く・ 冷ます

予熱したオーブンで約20
分、膨らんできつね色にな
るまで焼く。焼けたら網の
上で冷ます。

バターがたっぷり！

ガレットブルトンヌ

フランスブルターニュ地方の伝統菓子で
見た目は素朴だけど味わいはとっても贅沢。
卵黄だけを入れた生地は、ホロホロとした口当たりです。

材料（直径約5cm・10個分）

バター（食塩不使用）	85g
砂糖	45g
卵黄	1個分（20g）
塩	ひとつまみ（1g）
薄力粉	85g
アーモンドパウダー	15g
打ち粉（強力粉）	適量

【上掛け用】

卵黄	1個分（20g）
砂糖	ひとつまみ（1g）

使う道具

・粉ふるい　　　・めん棒　　　　　　・刷毛
・オーブンシート　・バット　　　　　　・フォーク
・ボウル　　　　・カード　　　　　　・キッチンペーパー
・ゴムベラ　　　・抜き型（直径4.5cm丸型）・網
・泡立て器　　　・ケーキカップ
・ラップ　　　　（底面直径5.5cm・高さ2cm）

準備

① バターは室温にもどす。
② 薄力粉とアーモンドパウダーは合わせてふるう。
③ 上掛け用の卵黄と砂糖は混ぜ合わせる。
④ 天板にオーブンシートを敷く。

● 作り方

1 生地を作る

ボウルにバターをいれてゴムベラでやわらかくし、砂糖を加えて、なじむまですり混ぜる。

2 バターと砂糖を混ぜる

泡立て器に持ち替え、バターと砂糖が白っぽくなるまですり混ぜる。

3 卵黄と塩を加える

卵黄と塩を加えてすり混ぜる。

4 粉類を加える

合わせてふるった粉類を加え、ゴムベラでさっくりと切るように混ぜ合わせる。

> 練るとグルテン（粘り成分）が多くなって生地がしまり、歯ざわりが悪くなってしまいます。

5 生地をまとめる

生地がまとまってきたらゴムベラでボウルに押しつけるようにしてなじませる。

6 生地を休ませる

ラップで包み、手である程度平らにしたらめん棒で薄くのばしてバットなどにのせ、冷蔵庫で1時間以上休ませる。

> 生地を冷やし固めて成型しやすくするために行います。

7

📺170度に予熱する

生地をまとめる

オーブンを170度に予熱する。台の上に打ち粉を広げるようにふり、冷蔵庫から出したばかりの生地は固いため、手のひらで押してほぐし、再びひとまとめにする。

> 台に生地がくっつきやすいため、打ち粉を多めにふり、カードですくって生地にもどしながらまとめてください。

8

生地をのばす（P27も参照）

生地を1.3cm厚さにのばす。生地がべたついて扱いづらい場合は、その都度冷蔵庫で冷やしてから作業する。

9

型を抜く（P28も参照）

型に打ち粉をつけながら生地を抜き、ケーキカップにのせる。残った生地は集めてひとまとめにし、8〜9の作業を繰り返す。

10

塗り卵を塗る（P15も参照）

ケーキカップを天板にのせ、上掛け用の卵黄と砂糖を混ぜたものを刷毛で表面に塗る。

11 模様をつける

上からフォークで模様をつける。

> 模様をつけるときはフォークで横に線を引き、90度回転させて同じように横に線を引いてください。きれいに模様をつけるために、フォークは毎回キッチンペーパーでふきましょう。

12 焼く

予熱したオーブンで約20分焼く。

13 冷ます

焼けたらケーキカップごと網の上で冷ます。

ヒント！

バターが多い生地なのでベタついて扱いづらいですが、打ち粉を多めにしたり、生地を冷蔵庫でこまめに冷やしながら作業してください。

BASIC

おやつにぴったり！

マフィン

たっぷりと空気を含ませて混ぜることで
ふわっと軽い食感になるマフィン。
専用の型がなくても、市販の紙の型で作れます。

材料（底面5.5cm・上面7cm・
高さ3cmのマフィン型・6個分）

バター（食塩不使用）……………… 60g
砂糖 ……………………………… 70g
卵 ………………………… 1個分（50g）
牛乳 …………………………… 50ml
薄力粉 …………………………… 120g
ベーキングパウダー …… 小さじ1（4g）
塩 ……………………… ひとつまみ（1g）

使う道具

・粉ふるい　　　・ボウル　　・スプーン
・マフィン型　　・ゴムベラ　・網
・グラシンカップ　・泡立て器

準備

① バター、卵、牛乳は室温にもどす。
② 卵は溶いておく。
③ 薄力粉、ベーキングパウダー、塩は合わせてふるう。
④ マフィン型にグラシンカップ（P123ヒント！参照）を敷く。

● 作り方

1 生地を作る

ボウルにバターを入れてゴムベラで
やわらかくし、砂糖を加えてなじむ
まですり混ぜる。

2 バターと砂糖を混ぜる

泡立て器に持ち替え、白っぽくふんわりとするまですり混ぜる。

> 空気を含むようによく混ぜることでふんわりとした仕上がりになるので、頑張っ
> て混ぜましょう。

3 卵を加える

溶いた卵を2〜3回に分けて加え、その都度よく混ぜ合わせる。

4 牛乳半量を加える

牛乳の半量を加えて泡立て器でよ
く混ぜる。

> はじめはなかなか混ざりにくいです
> が、根気よく混ぜましょう。

5 粉類半量を加える

オーブンを170度に予熱する。混ざったら合わせてふるった粉類の半量を加え、ゴムベラで底からひっくり返すように手早く混ぜ合わせる。

ここで混ぜすぎるとグルテンが出て生地が固くなってしまうので、混ぜすぎないようにしましょう。

6 残りの牛乳と粉類を加える

残りの牛乳を加えてゴムベラで混ぜ、混ざったら残りの粉類を加えてさらに混ぜる。

7 生地を型に入れる

マフィン型にスプーンで生地を等分（もしくは7分目ま
で）に入れる。

8 焼く

予熱したオーブンで約20分焼く。

9 冷ます

焼けたらカップごと網の上で冷ます。

ヒント！

グラシンカップとはお菓子の容器
に適した紙カップのこと。薄くて透
明感があるのが特徴です。マフィ
ン型とグラシンカップは底を合わせ
てから買うようにしてください。

ブルーベリーマフィン

甘酸っぱさがおいしいブルーベリーマフィン。
表面にクランブルをかけることで
見た目はかわいく、食感が楽しいレシピです。

材料（底面5.5cm・上面7cm・高さ3cmのマフィン型・6個分）

【生地】

バター（食塩不使用）	60g
砂糖	70g
卵	1個分（50g）
牛乳	50ml
薄力粉	120g
ベーキングパウダー	小さじ1（4g）
塩	ひとつまみ（1g）
ブルーベリー（生でも冷凍でもOK）	100g

【クランブル】

薄力粉	20g
アーモンドパウダー	20g
砂糖	20g
バター（食塩不使用）	20g

使う道具

- 粉ふるい
- マフィン型
- グラシンカップ
- ボウル
- ゴムベラ
- 泡立て器
- スプーン
- 網

準備

① 生地用のバター、卵、牛乳は室温にもどす。
② 卵は溶いておく。
③ 薄力粉、ベーキングパウダー、塩は合わせてふるう。
④ マフィン型にグラシンカップを敷く。

● 作り方

1 クランブルを作る

ボウルに薄力粉、アーモンドパウダー、砂糖を入れて混ぜ、冷蔵庫から出したてのバターを薄切りにして加え、粉の中でバターを指先で細かくしながらバターに粉をまぶす。

指の腹ですり合わせるようにして全体をそぼろ状にする。ラップをして、使うまで冷蔵庫で冷やしておく。

2 生地を作る

ボウルにバターを入れてゴムベラでやわらかくし、砂糖を加えて泡立て器で白っぽくなるまですり混ぜる。

3 卵を加える

溶きほぐした卵を2〜3回に分けて加え、その都度よく混ぜ合わせる。

4 牛乳と粉類半量を加える

牛乳の半量を加えて泡立て器でよく混ぜる。混ざったら合わせてふるった粉類の半量を加え、ゴムベラで手早く混ぜ合わせる。

🔲 170度に予熱する

5 残りの材料を入れる

オーブンを170度に予熱する。残りの牛乳を加えてゴムベラで混ぜ、混ざったら残りの粉類とブルーベリーを加えてさらに混ぜる。

> 材料が混ざっていればよいです。

6 生地を型に入れる・焼く

型にスプーンで生地を等分(もしくは7分目まで)に入れ、表面全体に1のクランブルを散らし、予熱したオーブンで約20分焼く。

> ブルーベリーが冷凍の場合は約30分焼きます。

7 冷ます

焼けたらカップごと網の上で冷ます。

キャラメルマフィン

ふわっと軽い食感の生地に
ほろ苦いキャラメルの味わいがたまらない、
ちょっぴり大人なキャラメルマフィンです。

材料
（底面5.5cm・上面7cm・高さ3cmのマフィン型・6個分）

【生地】

バター（食塩不使用）	60g
砂糖	70g
卵	1個分（50g）
牛乳	40ml
薄力粉	120g
ベーキングパウダー	小さじ1（4g）
塩	ひとつまみ（1g）

キャラメルソース	大さじ2

【キャラメルソース】
（作りやすい分量・約65g分）

砂糖	60g
水	大さじ3

使う道具

- 粉ふるい
- マフィン型
- グラシンカップ
- 小鍋
- ゴムベラ
- ボウル
- 泡立て器
- スプーン
- 網

準備

① バター、卵、牛乳は室温にもどす。
② 卵は溶いておく。
③ 薄力粉、ベーキングパウダー、塩は合わせてふるう。
④ マフィン型にグラシンカップを敷く。

● 作り方

1 キャラメルソースを作る

小鍋に分量の水から大さじ1を入れて砂糖を加え、砂糖に水分がいきわたったら中火にかける。鍋の縁から砂糖が焦げて茶色になってきたら、鍋ごとゆすって色が均一になるように鍋を動かす。

うっすらと煙が出て濃い茶色になったら火を止め、ゴムベラに伝わせて残りの水を加える。

水を加えたら手早くゴムベラで混ぜ、全体を均一にする。キャラメルのかたまりがある場合は火にかけて混ぜながらかたまりを溶かす。かたまりがなくなり、全体が均一になったら火を止めてそのまま冷ます。

結晶化する原因になるので、色がつきはじめるまではゴムベラなどで混ぜてはいけません。

水を加えると蒸気が出るため、なるべく離れたところから加えます。

🔲 170度に予熱する

2 生地を作る

ボウルにバターを入れてゴムベラでやわらかくし、砂糖を加えて泡立て器で白っぽくなるまですり混ぜる。

3 卵を加える

溶いた卵を2〜3回に分けて加え、その都度よく混ぜ合わせる。

4 牛乳と粉類の半量を加える

オーブンを170度に予熱する。牛乳の半量を加えて泡立て器でよく混ぜる。混ざったら合わせてふるった粉類の半量を加え、ゴムベラで手早く混ぜ合わせる。

5 残りの材料を加える

残りの牛乳を加えてゴムベラで混ぜ、残りの粉類を加えて混ぜたらキャラメルソースの半量を加えて混ぜ合わせる。混ざったら残りのキャラメルソースを加えてザッと混ぜる。

キャラメルが少し筋になって残っている状態が目安です。

6 生地を型に入れる・焼く

型にスプーンで生地を等分（もしくは7分目まで）に入れ、予熱したオーブンで約20分焼く。

7 冷ます

焼けたらカップごと網の上で冷ます。

ヒント！

残ったキャラメルソースは他の焼き菓子に添えたり、ドリンクに入れたりしても楽しめます。

BASIC

昔ながらの素朴さ

マドレーヌ

貝殻の型で焼くのが特徴的ですが、他の型で焼いても。
裏側にぷっくりした「へそ」といわれる膨らみがあるのが特徴。
一日置くとさらにおいしくなるレシピです。

材料
（マドレーヌシェル型・6個分）

バター（食塩不使用）………… 45g
卵 …………………… 1個分（50g）
砂糖 ……………………………… 30g
はちみつ ………………………… 10g
薄力粉 …………………………… 50g
ベーキングパウダー
　………………… 小さじ1/4（1g）

【型に塗る用】
バター（食塩不使用）
　…………………………………… 適量
強力粉 …………………………… 適量

使う道具

・刷毛
・マドレーヌ型
・粉ふるい
・小鍋
・ボウル
・泡立て器
・ゴムベラ
・ラップ
・スプーン
・網

準備

① 型に塗る用のバターは室温にもどす。
② 薄力粉とベーキングパウダーは合わせてふるう。

● 作り方

1 型の下準備をする

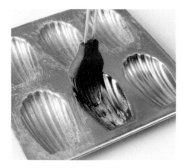

型に塗る用のバターを刷毛で型に
薄く塗る。

強力粉を型にはたき、余分な粉を落とす。

2 溶かしバターを作る

小鍋にバターを入れて中火にかけ
る。

バターが溶け、大きな泡が細かく
なったら火からおろす。

3 生地を作る

ボウルに卵を割り入れ、泡立て器で
コシがなくなるまで溶きほぐす。

4 砂糖とはちみつを加える

砂糖とはちみつを加え、砂糖のざらつきがなくなるまで泡立て器でぐるぐると円を描くように混ぜる。

5 粉類を加える

合わせてふるった粉類を加えて、円を描くように混ぜる。

混ぜすぎると粘りが出て焼き縮みを起こし、固くなってしまうので気をつけましょう。

6 溶かしバターを加える

｜の溶かしバターを加えて混ぜる。

7 生地を休ませる

混ざったらゴムベラでボウルの側面についた生地もムラなく混ぜ、ラップをかけて室温（夏場は冷めてから冷蔵庫）で1〜2時間休ませる。

すぐに焼いても大丈夫ですが、休ませると粉が水分を吸収し、よりキメ細かい生地に仕上がります。

8 生地を型に入れる

🔲 180度に予熱する

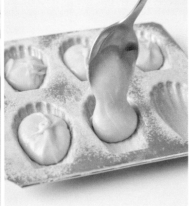

オーブンを180度に予熱する。生地を混ぜ、用意した型に等分に流し入れる。台に軽く叩きつけて空気を抜く。

> よく膨らむので、生地は型いっぱいに入れず、7分目程度までにしましょう。

9 焼く

予熱したオーブンで10分ほど焼く。

10 冷ます（P30 も参照）

全体に焼き色がついたらオーブンから出し、すぐに型からはずして網の上で冷ます。

> マドレーヌ同士を寄りかからせるように置くと、膨らんだ「へそ」の部分がつぶれません。

ヒント!

型用バターは溶かしてしまうと底にたまってしまい、きれいな模様がでないので注意しましょう。厚く塗りすぎると膜ができてしまいます。

リッチな味わい！
フィナンシェ

金の延べ棒を模したインゴット型という
長方形の型で焼くのが特徴ですが、他の型で焼いてもいいです。
一日置くとしっとり感が増してとってもおいしくなります。

材料（10×5cmの フィナンシェ型・5個分）	使う道具	準備
バター（食塩不使用）… 50g 卵白 ……… 約2個分（50g） 砂糖 ………………… 40g はちみつ ……………… 10g アーモンドパウダー … 25g 薄力粉 ……………… 25g 【型に塗る用】 バター（食塩不使用）… 適量	・フィナンシェ型 ・刷毛 ・粉ふるい ・小鍋 ・ゴムベラ ・ボウル ・泡立て器 ・茶こし ・軍手 ・網	① 型に塗る用のバターは室温にもどす。 ② アーモンドパウダーと薄力粉を合わせてふるう。 ③ はちみつは容器に入った砂糖の上に入れてはかる 　（P17を参照）。

● 作り方

1 型の準備をする

型に塗る用のバターを刷毛で型に塗り、冷蔵庫に入れておく。

> まんべんなくたっぷりと塗ることで、焼いた後に型からはずしやすくなります。

2 焦がしバターを作る

小鍋にバターを入れて火にかけ、と
きどきゴムベラなどで混ぜる。小
鍋よりひと回り大きいボウルに水を
張って横に置いておく。

焦げ茶色になったらすぐに鍋底を水を張ったボウルにつけて焦げを止める。
その後はボウルからはずして置いておく。

> 焦がし具合はお好みでよいです。

3 生地を作る

📺 210度に予熱する

オーブンを210度に予熱する。ボウルに卵白を入れ、泡立て器でコシを切るようにほぐす。

> 持ち上げてドロッとしたかたまりがなくなるくらいが目安です。

4 砂糖とはちみつを加える

砂糖とはちみつを加え、泡立て器を左右に動かすようにして混ぜる。

> 全体に白い泡が立ち、少しとろりとした状態になるまで混ぜます。

5 粉類を加える

合わせてふるった粉類を加え、粉がなじむように泡立て器で円を描くようにぐるぐると回して混ぜる。

6 焦がしバターを加える

1の焦がしバターを茶こしや目の細かいザルでこしながら加え、4と同じように混ぜる。なめらかなとろりとした生地にする。

7 生地を型に入れる

用意した型に等分に流し入れる。

8 焼く

予熱したオーブンで10分、その後温度を200度に下げて4〜5分焼く。

9 冷ます

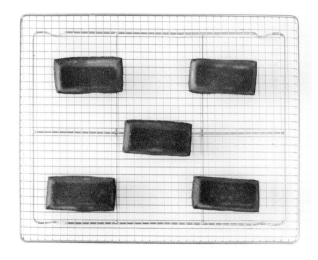

軍手をはめて生地を型からはずし、網の上で冷ます。

混ぜるだけで簡単！

ブラウニー

しっとりした生地とくるみの歯ごたえが楽しいブラウニーは
材料を混ぜて焼くだけで、専用の型も使わない
初心者でも挑戦しやすいレシピです。

材料（21×16.5cmバット1台分・カット
（縦半分　横5等分の棒状）10本分）

スイートチョコレート ……………………100g
バター（食塩不使用）……………………50g
砂糖 ……………………………………………50g
卵 …………………………………2個分（100g）
薄力粉 …………………………………………50g
ベーキングパウダー ………小さじ1/2（2g）
くるみ ……………………………………………80g

使う道具

・粉ふるい　　　　・バット
・オーブンシート　・網
・ボウル　　　　　・包丁
・ゴムベラ　　　　・まな板
・小鍋
・泡立て器

準備

① 卵は室温にもどす。
② くるみはローストずみでなければ150度で10分乾炒りする。
③ くるみは半量を刻んでおく。
④ チョコレートは刻んでおく。
⑤ 卵は溶いておく。
⑥ 薄力粉とベーキングパウダーは合わせてふるう。
⑦ バットにオーブンシートを敷く。

● 作り方 ─────────────────────────────────

I 生地を作る（P23も参照）

刻んだチョコレートとバターをボウルに入れる。小鍋に50〜60度のお湯をわかして火を止め、
ボウルの底が湯にふれるように重ねてチョコレートとバターを溶かす。

> 湯せんの際は、ボウルは湯気が入らないように鍋より大きいものを使います。
> 湯せんにかけるときは必ず火を止めて作業してください。

2 砂糖を加える

📺 180度に予熱する

オーブンを180度に予熱する。ボウルを湯せんからはずし、砂糖を加えて泡立て器で円を描くように混ぜる。

3 卵を加える

溶いた卵を2〜3回に分けて加え、泡立て器でつやが出るまで混ぜる。

ベーキングパウダーで膨らませるため、泡立てる必要はありません。

4 粉類とくるみを加える

合わせてふるった粉類と刻んだくるみを加え、さっくりと混ぜる。

5 生地をバットに入れる・焼く

オーブンシートを敷いたバットに流し入れ、表面を平らにならして残りのくるみを全体に散らし、予熱したオーブンで約25分焼く。

6 冷ます

オーブンシートごとバットからはずして網の上で冷ます。

7 切る

冷めたらオーブンシートをはずして切り分ける。

ファッジブラウニー

より濃厚な甘さとねっとりとした食感を楽しめる、
チョコレート好きにはたまらないリッチな味わいのファッジブラウニー。
いつもよりちょっと贅沢なおやつに。

材料（21×16.5cmバット1台分・カット 12個分（縦4等分・横3等分で4.5cm角））		
バター（食塩不使用）‥‥‥‥‥‥‥‥‥‥ 90g		
砂糖 ‥‥‥‥‥‥‥‥‥‥‥‥‥‥‥‥‥‥ 90g		
卵 ‥‥‥‥‥‥‥‥‥‥‥‥‥‥ 1個分（50g）		
薄力粉 ‥‥‥‥‥‥‥‥‥‥‥‥‥‥‥‥‥ 30g		
ココアパウダー ‥‥‥‥‥‥‥‥‥‥‥‥‥ 40g		
チョコレート ‥‥‥‥‥ 100g（板チョコ2枚分）		

【表面にふるう用】
ココアパウダー ‥‥‥‥‥‥‥‥‥‥‥‥‥ 適量

使う道具

・粉ふるい ・茶こし
・オーブンシート ・包丁
・小鍋 ・まな板
・ボウル
・ゴムベラ
・バット
・網

準備

① 卵は室温にもどし、溶いておく。
② 薄力粉とココアパウダー40gは
　 混ぜ合わせてからふるう。
③ チョコレートはかたまりの場合
　 は粗く刻んでおく。
④ バットにオーブンシートを敷く。

● 作り方

1 バターを溶かす
（P23 も参照）

小鍋に湯を高さ3cmほど入れてわかし、沸騰したら火を止める。バターを入れた耐熱容器ごと鍋の中に入れ、湯につけて溶かす。

2 生地を作る
🔲 180度に予熱する

オーブンを180度に予熱する。ボウルに|のバターを入れ、砂糖を入れてゴムベラで混ぜ、溶いた卵を2～3回に分けて加えて混ぜる。空気が入らないように静かに混ぜる。

3 粉類を加える

合わせてふるった粉類を加え、同じようにゴムベラで混ぜる。

> 混ざっていれば大丈夫です。あまり混ぜすぎないようにしましょう。

4 チョコレートを加える・生地をバットに入れる

チョコレートを加え（板チョコの場合は割りながら加える）、ザッと混ぜ、オーブンシートを敷いたバットに流して表面を平らにする。

5 焼く

予熱したオーブンで約15分焼く。

6 冷ます・切る

オーブンシートごとバットからはずして網の上で冷ます。冷めたらオーブンシートをはずし、表面に茶こしでココアパウダーを全体にふって、切り分ける。

おうちで本格的！

カヌレ

外側はバリッと香ばしく、
中はもっちりとした食感が特徴のカヌレは
一見難しそうですが、大丈夫。おうちで手作りできます。

材料（直径57mm・高さ56mmのカヌレ型・5個分）	使う道具	準備

バニラビーンズ	5cm分
牛乳	250ml
バター	10g
卵黄	2個分（40g）
砂糖	100g
薄力粉	60g
ラム酒	小さじ2

【型に塗る用】
溶かしバター …………………………………… 適量

使う道具
・粉ふるい
・包丁
・まな板
・小鍋
・ボウル
・泡立て器
・ザル
・ラップ
・刷毛
・カヌレ型
・レードル
・網

準備
① 薄力粉はふるう。

● 作り方

1　バニラビーンズの種を取り出す

バニラビーンズは縦に切り込みを入れて開き、包丁の背でしごいて種を取り出す。

2　牛乳にバニラビーンズとバターを入れる

小鍋に牛乳を200ml加え、1のバニラビーンズの種とさや、バターを入れて火にかける。
沸騰したら火を止めてふたをしておく。

3 生地を作る

ボウルに卵黄を入れて溶きほぐし、砂糖を加えて泡立て器で白っぽくなるまですり混ぜる。

4 薄力粉・牛乳・ラム酒を加える

ふるった薄力粉を加え、泡立て器でザッと混ぜ、残りの牛乳50mlを少しずつ加えてなめらかにし、ラム酒を加え混ぜる。

5 香りづけした牛乳を加える

2の牛乳を加えて混ぜ合わせる。

6 生地を休ませる

別のボウルにこして、ラップをして冷蔵庫で24時間以上休ませる。

7 生地を室温にもどす

焼く1時間ほど前に冷蔵庫から出して、室温にもどしておく。

8 型にバターを塗る

🔳 200度に予熱する

型に塗る用のバターは耐熱容器に入れてラップをし、電子レンジ（600W）で40秒加熱して溶かす。オーブンを200度に予熱する。型に刷毛で溶かしバターを薄く塗り、逆さまにしておいておく。

溶かしバターを塗った型を上に向けておくと、溶かしバターが型の底にたまってしまい、焼き上がりのときにきれいな溝ができなくなる可能性があるため逆さにしておきます。

9 生地を型に入れる・焼く

7の生地をレードルなどで底からよく混ぜてから型の7分目程度まで入れ、天板に並べて予熱したオーブンで約1時間、全体が濃い茶色になるまで焼く。

10 冷ます

型から取り出し、網の上で冷ます。

ヒント！

焼く前に生地を室温にもどさないと、膨らみすぎてカヌレ型の模様がつかなくなってしまいます。
また、型に流す前に生地をよく混ぜるのは、底に小麦粉が沈んでいるためです。

BASIC

シンプル素材で！

カップケーキ

材料はたったの４つでとってもシンプル。
素朴なカップケーキはふわっとした食感で
３時のおやつや小腹がすいたときの軽食にもおすすめです。

材料（底径55mm・高さ50mm のカップケーキ型・6個分）	
卵 ·························	2個分(100g)
砂糖 ····························	50g
薄力粉 ···························	60g
バター ···························	20g

使う道具

・粉ふるい　・ボウル　　　　　・スプーン
・耐熱容器　・ハンドミキサー　・カップケーキ型
・小鍋　　　・ゴムベラ　　　　・竹串
　　　　　　　　　　　　　　　・網

準備

① 卵は室温にもどす。
② 薄力粉はふるっておく。
③ バターは耐熱容器に入れ、小鍋で湯せんする。

● 作り方

1　生地を作る
180度に予熱する

オーブンを180度に予熱する。ボウルに卵を入れてハンドミキサーで混ぜる。

2　砂糖を加えて高速で泡立てる（P15も参照）

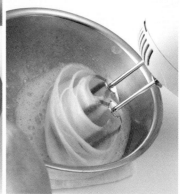

色が均一になったら砂糖を一度に加え、すぐにハンドミキサーを高速にしてしっかりと泡立てる。

3　低速で泡立てる

全体が白っぽくなり、もったりとしてきたら、低速にして1分ほどゆっくり円を描くように泡立てる。

> 高速から低速に切り替える目安は左の写真のような、白くもったりした状態です。泡のキメをそろえるために低速で泡立てます。泡立て終わりは右の写真のように、8の字がかけるくらいにしましょう。

4 薄力粉を加える

ふるった薄力粉を表面全体に散らすように加え、ゴムベラで底から持ち上げるようにさっくりと混ぜる。

5 バターを加える

粉が見えなくなったら溶かしたバターをゴムベラに伝わせながら全体に流し、同じようにさっくりと混ぜる。
バターが見えなくなったらさらに10回同じように混ぜる。

キメをそろえるために行います。

6 生地を型に入れる・焼く

スプーンで型に等分（もしくは8分目まで）に流し、予熱したオーブンで13〜15分焼く。
中心に竹串を刺してドロッとした生地がついてこなければ焼き上がり。

7 冷ます

焼けたら網の上で冷ます。

ヒント！

生地を型に入れる際、最後の方の生地は型に入れたらスプーンで周りの生地となじませるように混ぜてください。ボウルに残った生地をゴムベラで集めると、他の生地よりも触る回数が増えて重くなり、沈みやすくなるためです。

ARRANGED

デコレーション
カップケーキ

今回は生クリームを絞ってスプレーチョコをまぶしましたが、
P46で紹介しているマロンクリームを絞るのもおすすめ。
お好きなデコレーションかわいくアレンジしてみて。

材料（底径55mm・高さ50mm
のカップケーキ型・6個分）

卵 ······················· 2個分（100g）
砂糖① ···························· 50g
砂糖② ···························· 15g
薄力粉 ···························· 60g
バター ···························· 20g
生クリーム ····················· 200ml
スプレーチョコ ····················· 適量

使う道具

・粉ふるい
・耐熱容器
・小鍋
・ボウル
・ハンドミキサー
・ゴムベラ
・スプーン
・カップケーキ型
・竹串
・網
・絞り出し袋
・丸口金
・泡立て器

準備

① 卵は室温にもどす。
② 薄力粉はふるっておく。
③ バターは耐熱容器に入れ、
　小鍋で湯せんする。
④ 絞り出し袋に丸口金を
　つけておく。

● 作り方

1 生地を作る
📟 180度に予熱する

オーブンを180度に予熱する。ボウルに卵を入れてハンドミキサーで混ぜる。

2 砂糖を加えて高速で泡立てる
（P15も参照）

色が均一になったら砂糖①を一度に加え、すぐにハンドミキサーを高速にしてしっかりと泡立てる。

3 低速で泡立てる

全体が白っぽくなり、もったりとしてきたら、低速にして1分ほどゆっくり円を描くように泡立てる。

> 低速で泡立てるのは泡のキメをそろえるためです。泡立て終わりは、8の字がかけるくらいが目安です。

4 薄力粉を加える

ふるった薄力粉を表面全体に散らすように加え、ゴムベラで底から持ち上げるようにさっくりと混ぜる。

5 バターを加える

粉が見えなくなったら溶かしたバターをゴムベラに伝わせながら全体に流し、同じようにさっくりと混ぜる。バターが見えなくなったらさらに10回同じように混ぜる。

> キメをそろえるために行います。

6 生地を型に入れる・焼く

スプーンで型に等分（もしくは8分目まで）に流し、予熱したオーブンで13〜15分焼く。中心に竹串を刺してドロッとした生地がついてこなければ焼き上がり。

7 冷ます

焼けたら網の上で冷ます。

8 クリームを作る

ボウルに生クリームと砂糖②を入れ、ボウルの底を氷水に当てながら泡立て器で泡立て、8分立てにする（a）。

> 泡立てすぎるとぼそぼそになってしまうので注意しましょう。

9 クリームを絞る（P27も参照）

8を絞り出し袋に入れ、完全に冷めたカップケーキの上に絞り出す（b）。

> 中心に高めに絞り、その周辺をぐるぐると巻いていきます。

10 飾りつける

スプレーチョコを飾る（c）。

ヒント！

> 8分立てのクリームはツノの先がたれ下がるくらいが目安です。

ARRANGED

マーブルカップケーキ

マーブル模様が美しいマーブルカップケーキ。
出来上がりの表情が楽しみになる、
2種類の味が楽しめるレシピです。

材料（底径55mm・高さ50mm のカップケーキ型・6個分）

ココアパウダー	5g
湯	大さじ1
卵	2個分（100g）
砂糖	50g
薄力粉	60g
バター	20g

使う道具

- 粉ふるい
- 耐熱容器
- 小鍋
- スプーン
- ボウル
- ハンドミキサー
- ゴムベラ
- カップケーキ型
- 竹串
- 網

準備

① 卵は室温にもどす。
② 薄力粉はふるっておく。
③ バターは耐熱容器に入れ、小鍋で湯せんする。

● 作り方

1 ココアを練る

ココアパウダーはふるって耐熱容器に入れ、分量の湯を加えてよく混ぜ合わせる。

2 生地を作る

🔲 180度に予熱する

（P15も参照）

オーブンを180度に予熱する。ボウルに卵を入れてハンドミキサーを低速にして混ぜる。色が均一になったら砂糖を一度に加え、すぐにハンドミキサーを高速にして泡立てる。

3 低速で泡立てる

全体が白っぽくなり、もったりとしてきたら、低速にして1分ほどゆっくり円を描くように回す。

> 泡のキメをそろえるためです。

4 薄力粉を加える

ふるった薄力粉を表面全体に散らすように加え、ゴムベラでさっくりと切るように混ぜる。

5 バターを加える

粉が見えなくなったら溶かしたバターをゴムベラに伝わせながら全体に流し、同じようにさっくりと混ぜる。バターが見えなくなったらさらに10回同じように混ぜる。

> キメをそろえるためです。

6 ココアに生地を少量加える

1のココアに5の生地を大さじ3ほど加えて混ぜ合わせる。

7 ココア生地を加える

5のボウルに6のココア生地を加えてザッと混ぜる。

> マーブル模様を残すため、ココアを生地に加えた後は1〜2回大きく混ぜるだけでOKです。

8 生地を型に入れる・焼く

型に等分（もしくは8分目まで）に流し、予熱したオーブンで13〜15分焼く。中心に竹串を刺してどろっとした生地がついてこなければ焼き上がり。

9 冷ます

焼けたら網の上で冷ます。

BASIC

バターが香る！
パウンドケーキ

バター、砂糖、卵、粉をそれぞれ1パウンドずつ使ったことが由来。
ここでは砂糖を減らしてありますが、お好みで同量にしても構いません。
バターの香りがたまらない、手土産にもよいケーキです。

154

材料（18×8×高さ6cmのパウンド型・1台分）

バター（食塩不使用）················· 100g
砂糖 ·································· 90g
卵 ·························· 2個分（100g）
薄力粉 ······························ 100g
ベーキングパウダー ·············· 小さじ1/4（1g）

使う道具

- ・粉ふるい　　　　・ハンドミキサー
- ・オーブンシート　・包丁
- ・パウンドケーキ型・竹串
- ・ボウル　　　　　・網
- ・ゴムベラ

準備

① バターと卵は室温にもどす。　③ 薄力粉とベーキングパウダーは合わせてふるう。
② 卵は溶いておく。　　　　　　④ パウンドケーキ型にオーブンシートを敷く。

● 作り方

1 生地を作る

ボウルにバターを入れてゴムベラでやわらかくし、砂糖を加えてなじむまですり混ぜる。

2 ハンドミキサーで混ぜる（P15も参照）

ハンドミキサーは高速で大きく回しながら白っぽくふんわりしたクリーム状にする。

> 混ぜる時間の目安は約5分です。

3 🍳170度に予熱する 卵を加える

オーブンを170度に予熱する。溶き卵の約1/4量を加え、高速で約2分混ぜる。残りの卵も3回に分けて加え、その都度同じように混ぜる。

> 卵は4〜5回に分けて入れないと分離する可能性があります。分離したまま粉を加えて焼くと膨らみが悪く、キメも粗くぼそぼそになってしまうので、もし分離してしまった場合は分量の薄力粉を少しだけ入れて混ぜ、水分を粉に吸収させてください。

4 粉類を加える

合わせてふるった粉類を加え、ゴムベラで底から持ち上げるようにさっくりと混ぜる。

5 生地を
なめらかにする

粉が見えなくなったらさらに50回ほど同じように混ぜ、生地をなめらかにする。

生地のキメが細かくなり、口どけのよい焼き上がりになります。

6 生地を型に入れる（P27も参照）

型に生地を入れる。生地の中央はへこませ、両端は型の縁の高さに合わせて表面をならす。

生地をのりにしてオーブンシートの端がめくれないように留めます。生地は平らにすると中央が膨らんで両サイドが低い焼き上がりになります。中央をへこませることで焼いているうちに生地が中央に寄って平らになり、高低差のないパウンドケーキに仕上がります。

7 焼く

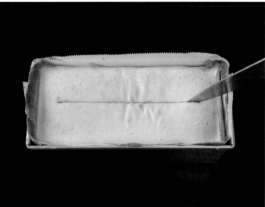

予熱したオーブンで45〜50分焼く。中心に竹串を刺して生地がついてこなければ焼き上がり。

> 表面が焼けて平らになったタイミング（15分ごろ）で取り出して中央に切れ目を入れておくと、焼き上がったときにきれいに割れ目ができます。

8 冷ます

すぐに型から出し、オーブンシートをつけたまま網の上で冷ます。

ヒント！

卵2個だと100gを少しオーバーしてしまうことがあり、分離の原因になるため、全卵を計量してください。
また、気温が高い日は1〜3の工程でバターが溶けてしまう可能性があるため、3のときにボウルを氷水につけながら調整するのがおすすめです。

紅茶のパウンドケーキ

紅茶の葉を混ぜることで
ひと口食べればバターと紅茶の香りが
口いっぱいに広がる、やさしい味わいのパウンドケーキになっています。

材料(18×8×高さ6cmの パウンド型・1台分)

紅茶の葉
　（アールグレイがおすすめ）……… 4g
薄力粉 ………………………………… 120g
ベーキングパウダー … 小さじ1/4(1g)
バター（食塩不使用）………………… 100g
砂糖 …………………………………… 90g
卵 ………………………… 2個分(100g)

使う道具

・オーブンシート　　・包丁
・ミルまたはすり鉢　・竹串
・パウンドケーキ型　・網
・粉ふるい
・ボウル
・ゴムベラ
・ハンドミキサー

準備

① バター、卵は室温にもどす。
② 卵は溶いておく。
③ 型にオーブンシートを敷く。

● 作り方

1 紅茶と粉をふるう

紅茶の葉はミルかすり鉢などで細かくし、薄力粉とベーキングパウダーと混ぜ合わせてからふるう。

2 生地を作る

ボウルにバターを入れてゴムベラでやわらかくし、砂糖を加えてなじむまで混ぜる。

3 ハンドミキサーで混ぜる（P15も参照）

ハンドミキサーは高速で大きく回しながら白っぽくふんわりしたクリーム状にする。

> 混ぜる時間の目安は約5分です。

4 🖥170度に予熱する 卵を加える

オーブンを170度に予熱する。溶き卵の約1/4量を加え、高速で約2分混ぜる。残りの卵も3回に分けて加え、その都度同じように混ぜる。

> 卵は4〜5回に分けて入れないと分離する可能性があります。

5 🖥170度に予熱する 粉類を加える

合わせてふるった粉類を加え、ゴムベラで混ぜる。粉が見えなくなったらさらに50回ほど同じように混ぜ、生地をなめらかにする。

> 生地のキメが細かくなり、口どけのよい焼き上がりになります。

6 生地を型に入れる（P27も参照）

型に生地を入れる。型の中央はへこませ、両端は型の縁の高さに合わせて表面をならす。

> 生地をのりにしてオーブンシートの端がめくれないように型に留めます。

7 焼く・冷ます

予熱したオーブンで45〜50分焼く。中心に竹串を刺して生地がついてこなければ焼き上がっているので、すぐに型から出し、オーブンシートをつけたまま網の上で冷ます。

> 表面が焼けて平らになったタイミング（15分ごろ）で取り出して中央に切れ目を入れておくと、焼き上がったときにきれいな割れ目ができます。

ヒント！

バターを室温にもどす際、溶かしてはいけません。紅茶の葉はふるうときにザルを通るくらいの細かさが目安です。ミルやすり鉢がなければティーバッグの細かい葉を使いましょう。

フルーツパウンドケーキ

ドライフルーツをたっぷり混ぜ込んだパウンドケーキは
ティータイムのおともにぴったり。
使い捨ての型で焼いて手土産にするのもおすすめです。

材料（18×8×高さ6cmのパウンド型・1台分）

バター（食塩不使用） ……………………………… 90g
砂糖 ………………………………………………… 90g
卵 ……………………………… 1と1/2個分（80g）
薄力粉 ……………………………………………… 100g
ベーキングパウダー ……………… 小さじ1/4（1g）
ドライフルーツの洋酒漬け ………………………… 100g

使う道具

- 粉ふるい
- オーブンシート
- ボウル
- ゴムベラ
- ハンドミキサー
- パウンドケーキ型
- 包丁
- 竹串
- 網

準備

① バター、卵は室温にもどす。
② 卵は溶いておく。
③ 薄力粉とベーキングパウダーは合わせてふるう。
④ 型にオーブンシートを敷く。

● ドライフルーツの洋酒漬けの作り方

材料 ドライフルーツ（レーズン、サルタナ、オレンジピールなど）
洋酒（ラム酒やブランデーなど）　　**使う道具** 保存容器

1 ドライフルーツを切る・洋酒に浸す

消毒をした保存容器に粗みじんに切った好みのドライフルーツを入れ、洋酒をひたひたになるまで注ぐ。

> 液体を吸収したフルーツの上の方が空気にふれると、そこからカビてきてしまうので、完全に浸っているか時々確認しましょう。

2 ドライフルーツを漬ける

時々容器の上下を返して混ぜ、冷暗所で1週間以上おく。長期保存する場合はフルーツが完全に浸るくらいまで洋酒を注ぐ。

● 作り方

1 生地を作る

ボウルにバターを入れてゴムベラでやわらかくし、砂糖を加えてなじむまで混ぜる。ハンドミキサーに持ち替え、高速で大きく回しながら白っぽくふんわりとしたクリーム状にする。

> 混ぜる時間の目安は5分です。

2 🔲170度に予熱する 卵を加える

オーブンを170度に予熱する。溶き卵の約1/4量を加え、高速で約2分混ぜる。残りの卵も3回に分けて加え、その都度同じように混ぜる。

> 卵は4〜5回に分けて入れないと分離する可能性があります。

3 粉類を加える

合わせてふるった粉類を加え、ゴムベラで底から持ち上げるようにさっくりと混ぜる。粉が見えなくなったらさらに50回ほど同じように混ぜ、生地をなめらかにする。

> 生地のキメが細かくなり、口どけのよい焼き上がりになります。

4 ドライフルーツの洋酒漬けを加える

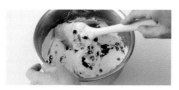

ドライフルーツの洋酒漬けを加えて混ぜる。

5 生地を型に入れる（P27も参照）

型に生地を入れる。生地の中央はへこませ、両端は型の縁の高さに合わせて表面をならす。

> 生地をのりにしてオーブンシートの端がめくれないように型に留めます。

6 焼く・冷ます

予熱したオーブンで45〜50分焼く。中心に竹串を刺して生地がついてこなければ出来上がり。すぐに型から取り出し、オーブンシートをつけたまま網の上で冷ます。

> 表面が焼けて平らになったタイミング（15分ごろ）で取り出して中央に切れ目を入れておくと、焼き上がったときにきれいな割れ目ができます。

ケークサレ

フランス語で「塩味のケーキ」という意味のケークサレ。
今回のレシピではミニトマトやブロッコリー、ソーセージなどを入れましたが
お好きな野菜やお肉、チーズを入れて焼いてみてください。

材料（18×8×高さ6cmのパウンド型・1個分）		使う道具

ブロッコリー ···· 50〜60g
ミニトマト
　········· 7〜8個(100g)
卵 ·········· 1個分(50g)
サラダ油 ········· 大さじ2
グレープフルーツジュース
　···················· 80ml

塩 ········· 小さじ1/2(2g)
こしょう ················ 少々
薄力粉 ················· 120g
ベーキングパウダー
　·········· 小さじ2(8g)
ピザ用チーズ ········· 80g
ソーセージ ··········· 4本

使う道具

・粉ふるい　　・ボウル　　　・竹串
・オーブンシート・泡立て器　　・網
・ザル　　　　・ゴムベラ
・小鍋　　　　・パウンドケーキ型

準備

① 薄力粉とベーキングパウダーは合わせてからふるう。
② 型にオーブンシートを敷く。

● 作り方

1 野菜の下ごしらえをする

小鍋に湯をわかし、ブロッコリーは小房に分けてサッとゆで、ザルに上げて冷ます。ミニトマトはヘタを取る。

2 生地を作る

170度に予熱する

オーブンを170度に予熱する。ボウルに卵を入れて泡立て器でほぐし、サラダ油を少しずつ加えながら混ぜる。混ざったらグレープフルーツジュース、塩とこしょうを加えてその都度混ぜる。

3 粉類とチーズを加える

合わせてふるった粉類、チーズの半量を加え、ゴムベラでさっくりと切るように混ぜる。

4 生地と具材を型に入れる

生地の1/3量を型に流す。ミニトマト・ソーセージ・ブロッコリーのあいだに生地を流しながらそれぞれ横1列に並べ入れて、最後に生地を流して表面を平らにし、残りのチーズを全体に散らす。

5 焼く

オーブンで約40分焼く。中心に竹串を刺してドロッとした生地がついてこなければオーブンから出し、型からはずしてオーブンシートごと網にのせる。

ヒント！

具材を並べる際は、完成後に切り分けたときに均一になることを意識しましょう。

焼き菓子に合うジャム3種

シフォンケーキやスコーンにぴったりのジャムのレシピをご紹介。
トマトジャムは意外に思うかもしれませんが、甘酸っぱくてとってもおいしいです。
煮沸消毒した瓶などに詰めると見た目もかわいく仕上がります。

A リンゴジャム

材料（出来上がり量　220g）

りんご ……………… 1個（300g）
砂糖 ……… りんごの正味の50%
レモン汁 …………… 大さじ1/2

● 作り方

1　りんごは6等分に切り、皮を
　　むいて芯を取り2〜3mm厚
　　さに切る。りんごの正味をは
　　かり、リンゴの分量の50%
　　分の砂糖をはかる。

2　小鍋に1のリンゴ、砂糖、レ
　　モン汁を入れてザッと混ぜ、
　　ふたをして中火にかける。

3　時々混ぜながら煮て、水分
　　が出てきたらふたをとり、水
　　分が少なくなりとろみがつく
　　まで煮る。

B ブルーベリージャム

材料（出来上がり量　290g）

ブルーベリー ……………………………………… 300g
砂糖 ……………………………………………………… 150g
レモン汁 ………………………………………… 大さじ1/2

● 作り方

1　材料をすべて小鍋に入れてザッと混ぜ、ふたをして中火
　　にかける。

2　時々混ぜながら煮て、水分が出てきたらふたをとり、水
　　分が少なくなりとろみがつくまで煮る。

C トマトジャム

材料（出来上がり量　220g）

トマト …………………………………… 2〜3個（300g）
砂糖 ………………………………… トマトの正味の50%
レモン汁 ……………………………………………… 小さじ1

● 作り方

1　トマトはヘタを取り、ミキサーなどでなめらかにする（ま
　　たは包丁で細かく刻む）。正味をはかり分量の50%の砂
　　糖をはかる。

2　小鍋に1のトマト、砂糖、レモン汁を入れ、中火にかける。

3　時々混ぜながら煮て、水分が少なくなりとろみがつくま
　　で煮る。

第 **4** 章

おもてなしにも！

シンプル
ケーキ

はじめての方でも作りやすい
ケーキのレシピをまとめました。
少しハードルが高いかもしれませんが
大丈夫。レシピをしっかり読んで、
あせらず丁寧に作ってみてください。

簡単なのに本格的！

ベイクドチーズケーキ

混ぜて焼くだけだから、初心者でも挑戦しやすいベイクドチーズケーキ。
焼きたてはもちろん、一晩冷やすとしっとり感がアップするので
また違ったおいしさが楽しめます。

材料（21×16.5×高さ3cmのバット・1台分）

使う道具

【ボトム】
ビスケット ………… 50g
バター（食塩不使用）
　………………… 30g

【生地】
クリームチーズ …・ 200g
プレーンヨーグルト
　………………… 30g
砂糖 ……………… 60g
卵 ……… 2個分（100g）
レモン汁 ……… 小さじ2
生クリーム ……… 100ml
薄力粉 …………… 20g

・粉ふるい
・バット
・オーブンシート
・厚手のビニール袋
・めん棒
・耐熱容器
・ラップ

・スプーン
・ボウル
・ゴムベラ
・泡立て器
・網

準備

① クリームチーズは室温にもどす。
② 卵は溶いておく。
③ 薄力粉はふるう。
④ バットにオーブンシートを敷く。

● 作り方

1 ボトムを作る

ビスケットを厚手のビニール袋に入れ、袋の口を閉じて上からめん棒などで叩いて細かくする。

2 ビスケットとバターを混ぜる

バターは耐熱容器に入れてラップをし、電子レンジ（600W）で40秒加熱して溶かす。ビスケットの袋に溶かしたバターを加えて袋の上からもみ、全体を混ぜ合わせる。

3 ボトムをバットに敷く

オーブンシートを敷いたバットに入れ、スプーンなどで押しつけるようにして敷き詰める。冷蔵庫に入れておく。

4 生地を作る

190度に予熱する

オーブンを190度に予熱する。ボウルにクリームチーズを入れ、ゴムベラでなめらかになるまで混ぜる。

ここで粒があると最後まで残ってしまうため、完全にクリーム状になるまでしっかり混ぜましょう。

5 ヨーグルトと 砂糖を加える

プレーンヨーグルトと砂糖を加え、泡立て器に持ち替えて混ぜ合わせる。

6 卵を加える

溶いた卵を2〜3回に分けて加えて混ぜる。

7 レモン汁と生クリームを加える

レモン汁、生クリームの順に加え、その都度混ぜ合わせる。

8 薄力粉を加える

ふるった薄力粉を加え、サッと混ぜる。

9 生地をバットに流し入れる

3で冷蔵庫に入れておいたバットを取り出して、ボトムの上に生地を流し込み、表面を平らにする。

10 焼く

予熱したオーブンで10分、その後温度を180度に下げて約15分焼く。

11 冷ます

バットのまま網にのせて冷ます。冷めたら冷蔵庫で冷やす。

ヒント！

クリームチーズは室温にもどしたやわらかい状態から混ぜはじめましょう。冷たくて固いとダマができてしまいます。生地は混ぜすぎると空気が入って膨らみすぎてしまい、焼き縮みが激しくなるので、混ぜすぎないようにしてください。

ニューヨークチーズケーキ

濃厚なのになめらかな口当たりで食べやすく、
チーズの風味が楽しめるニューヨークチーズケーキ。
コーヒーを淹れたら、おうちでカフェ気分が楽しめます。

材料（直径15cm・底の抜ける丸型）
・1台分

【ボトム】
ビスケット …………………………… 50g
バター ………………………………… 30g

【生地】
クリームチーズ …………………… 200g
サワークリーム …………………… 90g
砂糖 …………………………………… 80g
卵 ……………………………… 1個分（50g）
生クリーム ………………………… 30ml
薄力粉 ………………………………… 10g

使う道具

・粉ふるい
・オーブンシート
・厚手のビニール袋
・めん棒
・耐熱容器
・ラップ
・ケーキ型
・スプーン
・ボウル
・ゴムベラ
・ハンドミキサー
・アルミ箔
・バット
・網

準備

① クリームチーズは室温にもどす。
② 薄力粉はふるう。
③ 卵は卵黄と卵白に分ける。
④ 型にオーブンシートを敷く。

● 作り方

1 ボトムを作る

ビスケットを厚手のビニール袋に入れ、袋の口を閉じて上からめん棒などで叩いて細かくする。

2 ビスケットとバターを混ぜる

バターは耐熱容器に入れてラップをし、電子レンジ（600W）で40秒加熱して溶かす。ビスケットの袋に溶かしたバターを加えて袋の上からもみ、全体を混ぜ合わせる。

3 ボトムを型に敷く

オーブンシートを敷いた型に入れ、スプーンなどで押しつけるようにして敷き詰める。型の外側をアルミ箔でおおっておく。

4 生地を作る

ボウルにクリームチーズを入れ、ゴムベラで混ぜてクリーム状にする。

5 🔲 170度に予熱する
材料を加える

オーブンを170度に予熱する。サワークリーム、砂糖の半量、卵黄、生クリーム、ふるった薄力粉の順に加え、その都度ゴムベラで混ぜる。

6 メレンゲを作る（P25も参照）

水気や油気のついていない別のボウルに卵白を入れ、低速で混ぜる。残りの砂糖を2～3回に分けて加えながらハンドミキサーで泡立て、キメが細かくてツノの先がたれ下がるくらいのメレンゲを作る。

7 メレンゲと生地を混ぜる

5の生地のボウルにメレンゲの1/3量を加えてゴムベラでさっくりと切るように混ぜ、次にこれを6のメレンゲのボウルにもどし、さっくりと切るように混ぜる。

8 生地を型に 入れる（P27も参照）

3のボトムの上に流し込んで表面を平らにする。

型を回しながらやると上手にできます。

9 焼く

型をバットにのせてから天板に置き、底から2cmぐらいまで湯を注ぐ。予熱した170度のオーブンで20分、その後160度に下げて約20分焼く。中心に竹串を刺して生地がついてこなければ焼き上がり。

10 冷ます

焼けたらアルミ箔をはずし、型のまま網にのせて冷ます。冷めたら冷蔵庫で冷やす。

スフレチーズケーキ

ふわふわでやわらかく、口の中でしゅわっとほどける
お店で食べるようなスフレチーズケーキのレシピです。
食べるとみんなで笑顔になれます。

材料（直径15cm丸型・底が抜けるタイプ・1台分）

【ボトム】
ビスケット ……………………………………… 50g
バター …………………………………………… 30g

【生地】
クリームチーズ …………………………………… 150g
砂糖① ……………………………………………… 20g
砂糖② ……………………………………………… 40g
卵黄 ……………………………………… 2個分（40g）
生クリーム ……………………………………… 50ml
コーンスターチ …………………………………… 15g
レモン汁 ………………………………………… 小さじ1
卵白 ……………………………………… 2個分（60g）

使う道具

・オーブンシート　　・スプーン
・ケーキ型　　　　　・ボウル
・アルミ箔　　　　　・ゴムベラ
・厚手のビニール袋　・泡立て器
・めん棒　　　　　　・ハンドミキサー
・耐熱容器　　　　　・バット
・ラップ　　　　　　・網

準備

① クリームチーズは室温においてやわらかくする。
② 型にオーブンシートを敷く。

● 作り方

1 ボトムを作る

ビスケットを厚手のビニール袋に入れ、袋の口を閉じて上からめん棒などで叩いて細かくする。

2 ビスケットとバターを混ぜる

バターは耐熱容器に入れてラップをし、電子レンジ（600W）で40秒加熱して溶かす。ビスケットの袋に溶かしたバターを加えて袋の上からもみ、全体を混ぜ合わせる。

3 ボトムを型に敷く

オーブンシートを敷いた型に入れ、スプーンなどで押しつけるようにして敷き詰める。型の外側をアルミ箔でおおっておく。

4 生地を作る

クリームチーズはボウルに入れ、ゴムベラで混ぜてなめらかにする。

5 砂糖・卵黄・生クリームを加える

砂糖①、卵黄、生クリームの順に入れ、その都度泡立て器でよく混ぜる。

6 コーンスターチを加える

生地がなめらかになったらコーンスターチを加えて泡立て器でサッと混ぜる。

7 レモン汁を加える

🔲 150度に予熱する

オーブンを150度に予熱する。レモン汁を加えて混ぜる。

材料が混ざっていればよいです。

8 メレンゲを作る（P25も参照）

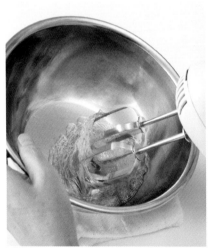

水気や油気のついていない別のボウルに卵白を入れ、低速で混ぜる。砂糖②を2〜3回に分けて加えながらハンドミキサーで泡立て、キメが細かくてツノの先がたれ下がるくらいのメレンゲを作る。

9 メレンゲと生地を合わせる

7の生地のボウルにメレンゲの1/3量を加えて泡立て器でしっかり混ぜ、次にこれを8のメレンゲのボウルにもどし、ゴムベラでさっくりと切るように混ぜる。

10 生地を型に入れる（P27も参照）

3のボトムの上に生地を流し入れ、表面をゴムベラで平らにならす。

11 焼く

型をバットにのせてから天板に置き、底から2cmぐらいまで湯を注ぐ。予熱したオーブンで40〜50分焼く。中心に竹串を刺して生地がついてこなければ焼き上がり。

12 型からはずす・冷ます（P31も参照）

焼き上がったら型からはずし、側面のオーブンシートもはずして網の上で冷ます。

缶詰などの上に置いて高さを出し、型の側面だけ下にずらしてはずします（P31も参照）。

BASIC

濃厚な味わい！

ガトーショコラ

濃厚なのに軽い口当たりで、
チョコレートの味がしっかり楽しめるガトーショコラ。
ビターな味わいの王道ケーキです。

材料（直径15cm丸型・底が抜けるタイプ・1台分）

スイートチョコレート	100g
バター	50g
生クリーム	50ml
卵	2個分（100g）
砂糖	60g
薄力粉	15g
ココアパウダー	10g
粉砂糖	適量

使う道具

- 粉ふるい
- オーブンシート
- 包丁
- まな板
- ボウル
- 小鍋
- ゴムベラ
- 泡立て器
- ハンドミキサー
- ケーキ型
- 竹串
- 網
- 茶こし

準備

① 薄力粉とココアパウダーは合わせてふるう。
② 型にオーブンシートを敷く。

● 作り方

1 チョコレートを湯せんする
（P23も参照）

チョコレートは刻んでボウルに入れ、バターを加えて湯せんにかける。

2 生クリームを加える・再度湯せんする

溶けてきたら湯せんからはずし、泡立て器で混ぜ、なめらかになったら生クリームを加えてゴムベラで混ぜる。混ざったら湯せんにかけておく。

混ざった後の湯せんも火はとめておきます。

3 生地を作る
🔲 170度に予熱する

オーブンを170度に予熱する。別のボウルに卵を入れて溶き、砂糖を加えてハンドミキサーで白っぽくなるまで泡立てる。

泡立て終わりの目安は、生地で8の字が書けるくらいです。

4 チョコレートと生地を混ぜる

2を湯せんからはずして泡立て器で混ぜ、3を加えながらさらに混ぜる。

5 粉類を加える

合わせてふるった粉類を加え、ゴムベラで底から持ち上げるように混ぜる。

6 生地を型に入れる・焼く（P27も参照）

生地をオーブンシートを敷いた型に流して表面をならし、予熱したオーブンで20分焼く。中央に竹串を刺してドロッとした生地がついてこなければ焼き上がり。

7 型からはずす・冷ます（P31も参照）

型からはずして側面のオーブンシートをはがし、網の上で冷ます。

8 粉砂糖をふる

粉砂糖を茶こしでふるう。

ヒント！

焼き上がった後は生地の中央部分が沈んでしまいますが、必ず沈むレシピですので気にしないでください。

BASIC

ふわふわ食感！

シフォンケーキ

「シフォン」は英語で絹織物という意味。
専用の型が必要だったり、混ぜ方や冷まし方にコツが必要なケーキですが、
食べたときのふわっと軽い食感と口溶けのよさは格別です。

材料(直径17cmシフォン型・1台分)	
卵黄	3個分(60g)
砂糖①	30g
砂糖②	50g
サラダ油	45ml(36g)
水	75ml
薄力粉	90g
ベーキングパウダー	小さじ1/2(2g)
卵白	3個分(90g)

使う道具

- ・粉ふるい
- ・ボウル
- ・泡立て器
- ・ハンドミキサー
- ・ゴムベラ
- ・シフォン型
- ・竹串
- ・アルミ箔
- ・口の細い瓶
- ・包丁

準備

① 薄力粉とベーキングパウダーは合わせてふるう。
② 油気や水気のついていないボウルに卵白を入れ、冷蔵庫で冷やしておく。

● 作り方

1 生地を作る

ボウルに卵黄を入れて溶きほぐし、砂糖①を加えて泡立て器で円を描くようにすり混ぜる。

2 サラダ油を加える

砂糖のざらざらがなくなったら、サラダ油を少しずつ加えながら混ぜる。

> マヨネーズを作るようなイメージです。少し色が変わる程度でOKです。

3 水を加える

水を加えて泡立て器で円を描くように混ぜ合わせる。

> 材料が混ざっていればよいです。

4 150度に予熱する
粉類を加える

オーブンを150度に予熱する。合わせてふるった粉類を加え、泡立て器で円を描くように混ぜる。

> 材料が混ざっていればよいです。混ぜすぎないようにしましょう。

5 メレンゲを作る
（P25 も参照）

冷蔵庫で冷やしておいた卵白のボウルを取り出し、砂糖②を2〜3回に分けて加えながらハンドミキサーで泡立て、つやのあるしっかりしたメレンゲを作る。

ハンドミキサーの羽根を持ち上げたときにツノの先端がやわらかく曲がっている状態が目安です。泡立てすぎてぼそぼそのメレンゲになると、生地と混ぜてもかたまりが残ってしまい、ケーキに穴ができる原因になるので注意しましょう。

6 メレンゲと生地を合わせる

4のボウルへ5のメレンゲの1/3量を加え、泡立て器で底から持ち上げるように混ぜる。

7 残りのメレンゲと生地を混ぜる

6を5のメレンゲのボウルにもどし入れ、ゴムベラでさっくり混ぜる。メレンゲの筋がなくなれば混ぜ終わり。

8 生地を型に入れる

生地を型に入れ、すべて入ったら竹串を型の底に当たるようにして内側、外側をぐるりと2周させる。

型にはなにも塗りません。竹串を2周させるのは大きな気泡を消して穴があかないようにするためです。

9 焼く

予熱したオーブンに入れ、45〜55分、割れ目にもしっかりと焼き色がつくまで焼く。途中、上が焦げそうになったらアルミ箔をかぶせる。

> オーブンの庫内がせまいと上が焦げやすくなります。庫内が狭い場合は、時々確認しながら焼きましょう。

10 冷ます（P30 も参照）

焼き上がったらすぐに型ごとひっくり返し、型の中心の穴を、口の細い瓶や逆さにしたコップの上にのせて冷ます。

11 型からはずす（P30 も参照）

ヒント！

焼き上がってからすぐに逆さまにするため、型にはなにも塗りません。油を塗ると逆さまにするときに型からケーキが落ちてしまいます。また、焼き時間が足りない場合や、水分が多い生地の場合にも型から落ちてしまうことがあるので、様子を見ながら逆さまにしてください。

完全に冷めたら、型の内側に包丁を差し、ぐるりと1周させて型から取り出す。底も同じようにして包丁をいれ、筒の部分は竹串や包丁をぐるりと1周させてはずす。最後に、ケーキを逆さにして型をケーキからはずす。

> 完全に冷めていないと、型からはずした際にしぼんでしまいます。また、焼けたらすぐに逆さにしない場合も、しぼむ原因になります。

メープルシフォンケーキ

ほんのり香るメープルがたまらない
ティータイムのおともにぴったりなレシピになっています。
お呼ばれの手土産にもよさそうです。

材料（直径17cmシフォン型・1台分）		使う道具		準備

卵黄 ……………………… 3個分（60g）
メープルシロップ ……………………… 55g
サラダ油 ……………………… 45ml（36g）
水 ……………………… 55ml
薄力粉 ……………………… 90g
ベーキングパウダー ……小さじ1/2（2g）
卵白 ……………………… 3個分（90g）
砂糖 ……………………… 35g

使う道具
・粉ふるい　　　・シフォン型
・ボウル　　　　・竹串
・泡立て器　　　・口の細い瓶
・ハンドミキサー　・アルミ箔
・ゴムベラ　　　・包丁

準備
① 薄力粉とベーキングパウダーは合わせてふるう。
② 油気や水気のついていないボウルに卵白を入れ、冷蔵庫で冷やしておく。

● 作り方

1 生地を作る
ボウルに卵黄を入れて溶きほぐし、メープルシロップを加えて泡立て器で円を描くようにすり混ぜる（a）。

2 サラダ油と水を加える
サラダ油を少しずつ加えながら混ぜる。水を加えて泡立て器で円を描くように混ぜ合わせる。

3 粉類を加える
🔲150度に予熱する
オーブンを150度に予熱する。合わせてふるった粉類を加え、泡立て器で円を描くように混ぜる。

4 メレンゲを作る（P25も参照）
冷蔵庫で冷やしておいた卵白のボウルを取り出し、砂糖を2〜3回に分けて加えながらハンドミキサーで泡立て、つやのあるしっかりしたメレンゲを作る。

5 メレンゲと生地を合わせる
3のボウルへ4のメレンゲの1/3量を加え、泡立て器で底から持ち上げるように混ぜる。

6 残りのメレンゲと生地を混ぜる
5を4のメレンゲのボウルにもどし入れ、ゴムベラでさっくり混ぜる。メレンゲの筋がなくなれば混ぜ終わり。

7 生地を型に入れる
生地を型に入れ、すべて入ったら竹串を型の底に当たるようにして内側、外側をぐるりと2周させる。

8 焼く
予熱したオーブンに入れ、45〜55分、割れ目にもしっかりと焼き色がつくまで焼く。途中、上が焦げそうになったらアルミ箔をかぶせる。

9 冷ます（P30も参照）
焼き上がったらすぐに型ごとひっくり返し、型の中心の穴を、口の細い瓶や逆さにしたコップの上にのせて冷ます（b）。

10 型からはずす（P30も参照）
完全に冷めたら、型の内側に包丁を差し、ぐるりと1周させて型から取り出す。底も同じようにして包丁をいれ、筒の部分は竹串や包丁をぐるりと1周させてはずす。最後に、ケーキを逆さにして型をケーキからはずす。

a

b

ヒント！
基本のシフォンケーキのレシピと比べると卵白に加える砂糖が少なくなっていますが、砂糖は同じように3回に分けて加えます。

ほうじ茶シフォンケーキ

程よい甘さとふわふわで口溶けのよい生地、
ほうじ茶がふわっと香る
ホッと一息つきたいときのおやつにぴったり。

材料（直径17cmシフォン型・1台分）

ほうじ茶	10g
水	100ml
卵黄	3個分（60g）
砂糖①	30g
砂糖②	50g
サラダ油	45ml（36g）
薄力粉	90g
ベーキングパウダー	小さじ1/2（2g）
卵白	3個分（90g）

使う道具

- 粉ふるい
- 小鍋
- 茶こし
- ボウル
- 泡立て器
- ハンドミキサー
- ゴムベラ
- シフォン型
- 竹串
- アルミ箔
- 口の細い瓶
- 包丁

準備

① 薄力粉とベーキングパウダー
　は合わせてふるう。
② 油気や水気のついていない
　ボウルに卵白を入れ、
　冷蔵庫で冷やしておく。

● 作り方

1 ほうじ茶液を作る

小鍋に分量の水を沸騰させ、ほうじ茶を加えて火をとめてふたをし、5分ほど蒸らす。茶こしでこしてほうじ茶液を75ml用意し、完全に冷ます(a)。

2 生地を作る

ボウルに卵黄を入れて溶きほぐし、砂糖①を加えて泡立て器で円を描くようにすり混ぜる(b)。

3 サラダ油を加える

砂糖のざらざらがなくなったら、サラダ油を少しずつ加えながら混ぜる。

4 ほうじ茶液を加える

ほうじ茶液を加えて泡立て器で円を描くように混ぜ合わせる(c)。

5 粉類を加える
150度に予熱する

オーブンを150度に予熱する。合わせてふるった粉類を加え、泡立て器で円を描くように混ぜる。

6 メレンゲを作る（P25も参照）

冷蔵庫で冷やしておいた卵白のボウルを取り出し、砂糖②を2～3回に分けて加えながらハンドミキサーで泡立て、つやのあるしっかりしたメレンゲを作る。

7 メレンゲと生地を合わせる

5のボウルへ6のメレンゲの1/3量を加え、泡立て器で底から持ち上げるように混ぜる。

8 残りのメレンゲと生地を混ぜる

7を6のメレンゲのボウルにもどし入れ、ゴムベラでさっくり混ぜる。メレンゲの筋がなくなれば混ぜ終わり。

9 生地を型に入れる

生地を型に入れ、すべて入ったら竹串を型の底に当たるようにして内側、外側をぐるりと2周させる。

10 焼く

予熱したオーブンに入れ、45～55分、割れ目にもしっかりと焼き色がつくまで焼く。途中、上が焦げそうになったらアルミ箔をかぶせる。

11 冷ます（P30も参照）

焼きあがったらすぐに型ごとひっくり返し、型の中心の穴を、口の細い瓶や逆さにしたコップの上にのせて冷ます。

12 型からはずす（P30も参照）

完全に冷めたら、型の内側に包丁を差し、ぐるりと1周させて型から取り出す。底も同じようにして包丁をいれ、筒の部分は竹串や包丁をぐるりと1周させてはずす。最後に、ケーキを逆さにして型をケーキからはずす。

ヒント!

ほうじ茶は濃く煮出し、75mlに足りない場合は水を加えます。

チョコバナナ
シフォンケーキ

バナナの自然な甘みがとってもおいしい、
チョコとバナナのお子さんが喜ぶ組み合わせのシフォン。
もちろん、大人が食べてもおいしいレシピです。

材料（直径17cmシフォン型・1台分）	使う道具	準備
バナナ（熟したもの）… 1本（正味100g）	・粉ふるい ・口の細い瓶	① 薄力粉とココアパウダーは混ぜ合わせ
卵黄 …………………… 3個分（60g）	・ボウル ・包丁	てからふるう。
砂糖① ……………………………… 30g	・フォーク	② 油気や水気のついていないボウルに
砂糖② ……………………………… 50g	・泡立て器	卵白を入れ、冷蔵庫で冷やしておく。
サラダ油 ……………… 45ml（36g）	・ハンドミキサー	
水 …………………………………… 75ml	・ゴムベラ	
薄力粉 ……………………………… 80g	・シフォン型	
ココアパウダー …………………… 10g	・竹串	
卵白 ………………………………… 4個分	・アルミ箔	

● 作り方

1 バナナの下ごしらえをする

熟したバナナの皮をむいてフォークでつぶす（a）。

2 水を加える

分量の水を加えて混ぜる。

3 生地を作る

ボウルに卵黄を入れて溶きほぐし、砂糖①を加えて泡立て器で円を描くようにすり混ぜる。

4 サラダ油を加える

砂糖のざらざらがなくなったら、サラダ油を少しずつ加えながら混ぜる。

5 バナナ液を加える

バナナ液を加えて泡立て器で円を描くように混ぜ合わせる（b）。

6 🔲150度に予熱する
粉類を加える

オーブンを150度に予熱する。合わせてふるった粉類を加え、泡立て器で円を描くように混ぜる（c）。

7 メレンゲを作る（P25も参照）

冷蔵庫で冷やしておいた卵白のボウルを取り出し、砂糖②を2〜3回に分けて加えながらハンドミキサーで泡立て、つやのあるしっかりしたメレンゲを作る。

8 メレンゲと生地を合わせる

4のボウルへ5のメレンゲの1/3量を加え、泡立て器で底から持ち上げるように混ぜる。

9 残りのメレンゲと生地を混ぜる

6を5のメレンゲのボウルにもどし入れ、ゴムベラでさっくり混ぜる。メレンゲの筋がなくなれば混ぜ終わり。

10 生地を型に入れる

生地を型に入れ、すべて入ったら竹串を型の底に当たるようにして内側、外側をぐるりと2周させる。

11 焼く

予熱したオーブンに入れ、45〜55分、割れ目にもしっかりと焼き色がつくまで焼く。途中、上が焦げそうになったらアルミ箔をかぶせる。

12 冷ます（P30も参照）

焼きあがったらすぐに型ごとひっくり返し、型の中心の穴を、口の細い瓶や逆さにしたコップの上にのせて冷ます。

13 型からはずす（P30も参照）

完全に冷めたら、型の内側に包丁を差し、ぐるりと1周させて型から取り出す。底も同じようにして包丁をいれ、筒の部分は竹串や包丁をぐるりと1周させてはずす。最後に、ケーキを逆さにして型をケーキからはずす。

ヒント！

バナナをフォークでつぶす際、大きすぎると生地が沈みますが、小さすぎるとココアの味に負けてしまうので、ほどよいサイズにしましょう。プレーンのシフォンケーキより卵白の分量が増えていますが、作り方は基本と同じです。水分が多いチョコバナナシフォンは、冷ます際に型から落ちてしまうことがあるので時々様子を見てください。

荻田尚子（おぎた・ひさこ）

お菓子研究家。1969年生まれ。大学卒業後、エコール辻東京（旧・エコールキュリネール国立辻製菓専門カレッジ）で学ぶ。東京・青山のフランス菓子店で2年間勤務ののち、料理研究家・石原洋子氏のアシスタントとなる。現在は雑誌やテレビなどで幅広く活躍。家庭でも作りやすいレシピに定評がある。著書に『魔法のケーキ』（主婦と生活社）、『ホットケーキミックスで愛されお菓子』（学研プラス）など多数。

STAFF

編集協力	森本順子、三好里奈、清水七海（G.B.）
表紙デザイン	渡邉民人（タイプフェイス）
デザイン	酒井由加里、村上森花（Q.design）
撮影	佐藤貴佳
スタイリング	八木佳奈
調理アシスタント	高橋玲子、小山ひとみ
企画・編集	尾形和華（成美堂出版編集部）
撮影協力	UTUWA（03-6447-0070）

くり返し作りたい、定番のおやつ 基本の焼き菓子

著　者　荻田尚子（おぎた ひさこ）

発行者　深見公子

発行所　成美堂出版
　　　　〒162-8445　東京都新宿区新小川町1-7
　　　　電話(03)5206-8151　FAX(03)5206-8159

印　刷　TOPPAN株式会社